"MONOGATARI TO NIHONJIN NO KOKORO" KOREKUSHON
Ⅱ: MONGATARI O IKIRU: IMA WA MUKASHI, MUKASHI WA IMA
by Hayao Kawai, edited by Toshio Kawai
© 2002, 2016, 2019 by Kawai Hayao Foundation
With commentary by Yoko Ogawa
Originally published in 2016 by Iwanami Shoten, publishers, Tokyo.

This simplified Chinese edition published 2022
by SDX Joint Publishing Co.Ltd, Beijing
By arrangement with Iwanami Shoten, publishers, Tokyo

物语与日本人的心灵

物语人生

今者昔、昔者今

MONGATARI O IKIRU: IMA WA MUKASHI, MUKASHI WA IMA

［日］河合隼雄 著
河合俊雄 编
王华 译

三联书店

Simplified Chinese Copyright © 2022 by SDX Joint Publishing Company.
All Rights Reserved.
本作品简体中文版权由生活·读书·新知三联书店所有。
未经许可，不得翻印。

图书在版编目（CIP）数据

物语人生：今者昔、昔者今／（日）河合隼雄著；（日）河合俊雄编；
王华译．—北京：生活·读书·新知三联书店，2022.6
ISBN 978-7-108-07277-1

Ⅰ．①物⋯　Ⅱ．①河⋯ ②河⋯ ③王⋯　Ⅲ．①文化心理学－研究－日本
Ⅳ．① C912.6-0

中国版本图书馆 CIP 数据核字（2021）第 193848 号

特邀编辑	张艳华	
责任编辑	徐国强	
装帧设计	刘　洋	
责任校对	张　睿	
责任印制	卢　岳	
出版发行	生活·讀書·新知 三联书店	
	（北京市东城区美术馆东街 22 号 100010）	
网　　址	www.sdxjpc.com	
图　　字	01-2019-4091	
经　　销	新华书店	
印　　刷	河北鹏润印刷有限公司	
版　　次	2022 年 6 月北京第 1 版	
	2022 年 6 月北京第 1 次印刷	
开　　本	635 毫米 × 965 毫米　1/16　印张 11.5	
字　　数	137 千字	
印　　数	0,001-7,000 册	
定　　价	39.00 元	

（印装查询：01064002715；邮购查询：01084010542）

目 录

第一章 研究物语的原因   1
  心理治疗的世界   1
  物语的特点   4
  "物"的含义   8
  物语与现代   11
  王朝物语   15

第二章 消逝之美   19
  物语之祖   19
  消逝之美   22
  "不许看"之禁令   24
  对他界的憧憬   27
  老翁与女儿   30
  赫夜姬的谱系   32

第三章　从不杀人的争斗 34
物语与杀人 34
《宇津保物语》与争斗 36
争斗的过程 38
争斗与对话 41
日本人的美意识 43
自然而然的解决方式 45

第四章　不可思议的声音 47
声音与气味 47
《宇津保物语》与古琴 50
音乐的传承 53
音乐与异界 57

第五章　继子的幸福 62
《落洼物语》 62
继子谈的各种形式 65
母亲与女儿 70
复仇的形式 73
阿漕的视角 76

第六章　冗句、定句、叠句：《平中物语》中的和歌 81
歌物语 81
雅斗 84
意象唤醒力 87

审美性计谋之星　　90
　　和歌的传统　　93

第七章　物语中的Topos　　95
　　场所的重要性　　95
　　《换换多好物语》中的Topos　　97
　　《浜松中纳言物语》　　101
　　日本与唐土　　103
　　转世　　106
　　物语的主旨　　109

第八章　紫曼荼罗试论　　112
　　解读《源氏物语》　　112
　　女性与男性　　115
　　女性的物语　　119
　　紫曼荼罗　　121
　　作为个体的女性　　126

第九章　《浜松中纳言物语》与《更级日记》中的梦　　131
　　梦的价值　　131
　　《浜松中纳言物语》中的梦　　133
　　《更级日记》中的梦　　137
　　梦与现实　　143
　　梦境体验与物语　　146
　　事物的流变　　150

第十章　推动物语发展的恶　　153
《为身世烦恼的小姐》　　153
谱系的意义　　156
私通　　159
理查三世　　162
恨之物语　　164
原罪与原悲　　166

后　记　　168

解　说　　连接一切　　小川洋子　　170

"物语与日本人的心灵"系列刊行寄语　　河合俊雄　　176

第一章
研究物语的原因

心理治疗的世界

我决定以《物语人生》为题，探寻日本王朝物语的世界。可是笔者既不是本国文学专家，也不是本国史学的专家，为什么要特地把日本的物语作为研究对象呢？以下就此聊做说明。

我的专业是临床心理学，多年来我致力于心理疗法的研究。最初我有一个很强烈的愿望，就是竭尽所能，把自己的研究做成"科学的"、可信赖的东西。为了这个目标我不懈努力，不过在工作的过程中，最关键的问题当然还是"如何才能使前来心理咨询的人获得最有效的帮助"。当我把心思放在这个关键问题上的时候，我逐渐发现自己所从事的工作与迄今为止的科学方法性质完全不同。

不止一件事令我产生这种感触，如下便是一例。与其他研究领域一样，我们也有"学会"这一组织，在"学会"上发表的研究报告，必须具有科学性、客观性。所以，我最初发表的报告都是属于这一类的研究。可是后来我发现，比较而言，针对某个具体案例所进行的深入探讨之"案例研究"，对于听众帮助更大。亲身的感受使我明白，它与其他"科学性"领域的"个案报告"意义完全不同。通常情况下，个案报告是让大家知道存在这样的特殊情况，从而在将来遇到特殊情况时可以有所借鉴。而我们的"案例研究"，作用则广泛得多。

比如，有人在学会上发表了关于"疑病性神经官能症"的案例研究的报告，有听众会觉得这对他自己正在做的厌学症孩子的治疗很有借鉴意义。同时，有关女性患者的案例对男性患者也有帮助。所以，这样的研究尽管只是"个案"，却能发挥普遍作用。其实，听者不仅在方法上受到启发，想在治疗中尝试同样的方法，有时在精神上也备受激励。

为什么会有这样的不同呢？最直截了当的答案就是：在心理治疗中，人与人之间的关系至关重要，而目前为止的自然科学研究，则要求研究者必须切断与研究对象的关系。自然科学是在断绝关系的情况下所做的客观研究，因而结果不具有普遍性。然而，如果心理治疗师"切断与来访者的关系"来倾听的话，治疗将无法进行。那么，这种"关系"到底是怎样的关系？它是如何变化的？虽然"治疗师与来访者"这对关系很重要，可是来访者本身还在一个由家人、朋友、同事构成的社会关系网络中生存；同时，尽管治疗是两个人之间的"谈话"，其间治疗师的心理状态、身体状态都在不断地发生着变化，深层心理学家所谓的"无意识"也会发挥作用。因此，其中的关系极其复杂。

只有通盘考虑所有的关系，并在整个关系中找到一个出口，治疗师与来访者才能走上疗愈之路。治疗师在研究学会听到某个"案例研究"后，会对自身所处各种关系的形态进行反思，抑或受到一些启发，这样，"案例研究"便发挥了超越具体案例的作用。鉴于这一事实，我们的研究学会开始重视案例研究。顺便提一句，从那以后，热心参加学会活动、前来听研究报告的人越来越多。这种研究对听者的帮助立竿见影，自然备受欢迎。

我通过自身感受，明白了案例研究的重要性，而当我读到荣格派分析学者詹姆斯·希尔曼所说的"案例研究的本质就是讲故事"这句话时，瞬间醍醐灌顶。这不正是物语吗？人们要把自己的经历融入自身、安放于内心的时候，需要把这份经历恰切地纳入自己的世界观、人生观，这个过程，就是将它条理化，使之变成自己可以接受的物语。物语的特点是有情节，"报告"案例时，即便报告人只想陈述事实，但因为它是通过某种方式被治疗师内化了的，所以不知不觉地就成了讲故事。

如此想来，所谓心理疗法，就是帮助来访者创作适合他们自己的故事。譬如，对于遭受神经衰弱折磨的人来说，他所表现出的症状就是他无法融入个人物语的部分。再如疑病性神经官能症患者，因为不知道自己的疑心来自何处、因何而来，而备受折磨，他们无法将自己的疑心成功地纳入其个人的物语之中，顺理成章地讲述出来。所以，要达到期望的结果，我们必须做各种各样的调查，在帮助他们追寻自己过去与现在的状况，以及此前不曾意识到的心理作用等的过程中，去觉察新的问题，获得新的视点。在此基础上，当他们对整个事情产生"原来如此"的觉悟的时候，他们"讲述"自己的人生便成为可能。此时，原有的症状就会消失不见了。

每个人的人生物语因个体不同而各自有异，但在一定程度上仍然可以模式化。因此，我们作为心理治疗师，需要对各种物语和模式有一定的了解。这正是我对物语产生兴趣的一个重要原因。

人们喜欢物语。人类获得语言能力之时，也是神话诞生之日。同时，人们喜闻乐见的故事，以"民间故事""传说"的形式流传下来，它们具备一个共同的特征："作者"不详。它们或许曾是某位天才的个人创作，由于人们对它的共享，而作为"我们的物语"传承下来。人们与过去的联系、人们与土地的联系、人与人之间的相互联系，都通过物语得到强化。用现代语言来表达的话，就是物语起到了表达某个部族或家族独特个性的作用。

心理治疗师的工作之一，就是帮助前来咨询的人找到他（她）自己的独特个性，这与上述创造"自己的物语"表达的意思相同。以上所做的解释，希望大家对此已经有了了解。

物语的特点

上文阐述了我作为一个心理治疗专家所认识到的物语的重要性，下文我们再谈谈物语的特点。关于物语的特点，我觉得最重要的就是它具有"赋予关系"的功能，或者可以说，物语产生于"赋予某种关系"的意图。

我们举个非常简单的例子。杯子里插着一枝野花，倘若仅仅如此的话，估计没有人会注意到它。但是当我们得悉，它是被一个10岁的小姑娘在放学途中摘来，送给因病卧床的母亲的，那么这枝花就不单纯是一枝花了。以花为媒介，我们对女孩产生亲近感，并且感受到她们母女之间的温情，于是便出现了"关系赋予"。当我们被此事感动，就会忍不住告诉其他人。跟朋友谈起时，我们的叙述可能会发生一些变化，比如说成这样：小姑娘本来是想买花送给妈妈的，可是花太贵了，小姑娘没那么多钱，这时候，她忽然看到了路边的野花……当听到这个故事的人再跟别人讲时，或许会加上这样的内容：小女孩的妈妈本来发烧得厉害，看到花特别高兴，体温一下子就降下来了……

所以，有些人由此认为"物语"毫不可信，也并非全无道理。

不过，把物语等义于真实，未免过于迂腐，而因此断定它毫无用处，亦非明智。通过讲述物语，我们体会到母亲和女儿之间的关系，并为之感动，这种感动又使讲述者与倾听者之间产生某种关系。随着它不断循环往复，"关系圈"不断扩大。这就是物语的意义所在，它传递的是关系中的真实。

关于物语的意义，妇孺皆知的紫式部早在一千多年前，在《源氏物语》中就论述过，这是很了不起的。《萤火虫》一卷中，光源氏起初对物语评价很低，他说："物语中鲜见真实之事。"但是后来他却认为，物语比那些单纯的事实描述更能表达事物的真相。当时他所说的"《日本纪》之类，不过是片面之语"，可谓一语中的，他认为仅限于事实描述的《日本纪》，只不过表现了事物的一个侧面。紫式部全身心投入物语创作，并借光源氏之口，表达了对物语的无限推崇。

物语在古代曾经得到如此之高的评价，近代以来却突然失去了价值，主要原因在于自然科学的发展。自然科学的特点是致力于发现外在现象之间的"关系"，尤其是其中蕴含的"因果关系"，其前提是认为外在现象与观察者（研究者）之间没有关系。如此，其研究结论就会具有超越个体的普遍性，这种"普遍性"的确力量强大。换句话说，当自然科学的研究结论与技术完美结合时，人类就获得了站在事物"外面"对其操控的能力。这种方法十分有效，以至于令人们产生一种错觉，认为通过科学的智慧可以解决一切问题，科学的智慧才是唯一的真理。

这种错觉，让许多现代人断绝了与世界的"关系"，成为无根之草。尽管生活变得方便快捷，但是人到底为什么而活？——突然感受不到活着的意义了。所谓"意义"，就是整体关系的呈现。如果我不清楚我与我所在的世界的关系，那么我当然感觉不到"意义"。

可是，在注意到这一点之前，很多人对自然科学智慧以外的智慧，不是抱持否定的态度，就是心怀轻蔑。而多数的学术研究也采用了"科学性的"方法，把18世纪的物理学方法论，用于包括社会科学、人文科学等研究领域。这种研究确实取得了一些成果，但是倘若认为只有这样的研究才是学术，才是得到真相的方法，那就大错特错了。

很多事情都在促使现代人反省其自然科学万能的想法，其中的一大主题便是"死亡"。无论医学如何进步，人类都无法抗拒死亡。人们希望尽可能多活一些时日，于是延年益寿的医学获得极大发展，近代人的平均寿命得以延长。另一方面，"死亡"这一课题却反而因此变得更加严峻。

如前所述，对于"别人的死亡"，我们可以把它当成与自己无关的事情，用科学的方法来研究。可是，对于"我自身的死亡"，我们无法做到这一点。不仅如此，对于我们亲人的死亡，也同样做不到。某些人在经历了家人、恋人等对自己来说非常重要的人的死亡之后，会患上抑郁症，向心理治疗专家求助，他们会问："他（她）为什么会死？"对于这样的问题，即便做出最科学的解释也于事无补，因为他们想弄明白的，其实是到底应该赋予第二人称的死亡何种意义，也就是找到他们自己能够内化的"物语"。

从这个角度思考，我突然发现，物语中对"死亡"的描述的确有很多。"第一人称的死亡""第二人称的死亡"是人类背负的永恒课题，因此极易成为物语所表现的主题。后文我们要探讨的王朝时代①的物语，无一不涉及死亡，尽管其描述方式各不相同。

---

① 王朝时代，与武士时代相对应，指的是天皇亲政的时代，即奈良时代（701—794）和平安时代（794—1192），有时特指平安时代（此译本中的注释，若无特别说明，均为译者注）。

关于物语具有赋予关系的功能，除了在自己与他人之间建立关系，同时不应忘记的是，它也可以在自我内部创建关系。从深层心理学的角度来说，物语具有连接意识与无意识的功能。在人体内部，既有日常发挥作用的意识，也有无法简单意识化的心理机能。关于所谓的"我"，我们无法知道它到底有多大多深，不过一般认为，"我"是了解我自己的。但是，将身体纳入考量时就会明白，"我"根本不清楚我自己的身体是如何运作的。尽管如此，我的身体却一切运转正常，它的某些部分是"我"可以控制的或者对其功能是有所认识的。心理亦与此相类似。虽然我们自己并不清楚心理机能是如何运作的，但它却会整体协调地发挥着作用。

当这种整体上的统一出现问题的时候，人们就会需要心理咨询师的帮助，饱受神经症的困扰是其典型表现。比如患有洁癖的人，会强迫性地无数次洗手，在一般意识的层面，他们明白无须如此，但还是忍不住要洗。为让无意识的心理机能与一般意识互相妥协，这种强迫行为是必要的。

再来看一个尚未发展到如此严重地步的病例。比如有的人在一般意识的层面，很清楚作为某个公司的科长，自己在别人眼中是怎样的地位。而在无意识的层面，却意欲强调自己是独一无二、不可或缺的重要人物，拥有与财产和地位无关的绝对价值。这就需要一个可以将二者连接起来的"物语"，对此每个人都会有自己的办法。却说有这么一位科长，每次喝醉酒时，就会大讲特讲自己是如何指出部长的错误，把对方训了个狗血喷头的"故事"——虽然事实并非如此夸张。这个"物语"帮助他实现了人格的统一。

如果他在清醒的状态下，当着部长的面讲这个故事，或者是他周围的人心知肚明，在他又要开始讲故事的时候，对他说："打住，我们都知道了。"这时，他就会陷入相当严重的危机状况。"物语"

在维持人的统一性方面发挥了巨大的作用,每个人都拥有这样的"物语",尽管有的人不曾意识到这一点。

"物"的含义

"物语"的"物",到底是什么意思呢?关于"物怪"的"物",折口信夫有如下论述:"物即灵,指的是与神相似但级别较低的万物之精灵。"(折口信夫:《物怪及其他》,《折口信夫全集》第八卷,中公文库,1976年)在此基础上,梅原猛认为,"所谓'物语'就是'物'之'语',是'物'关于'物'的'叙事'"(梅原猛:《物之语》,淡交社,1995年)。

"物"即灵的观点耐人寻味。提到"物",现代人一般会想到"物质"。但在实际生活中,即便是现代人,也在更广泛的意义上使用着"物"(もの)这个词。比如"懂事"(ものごころ)、"成个人物"(ものになる)等,生气的时候还会说"不是这么回事"(そんなものじゃない),或者不说"我想知道"(知りたい),而是加上"もの",说成"很想知道啊"(知りたいものだ)。如果再加上古语中使用的例子,"もの"的使用范围之广泛可以说是"不得了"(ものすごい)。哲学家市川浩曾经专心研究含有"身"的词汇,他指出"身"超越了"身体"的意指,还用于指代心或灵魂,用法甚广(市川浩:《"身"的构造》,青土社,1985年)。"物"这个词堪与"身"媲美。

所以,"物"不仅指"物质",还可以指人的心,甚至高于它们的灵。而且,梅原猛认为,所谓物语是"'物'关于'物'的'叙事'",我们把它理解为"某某关于'物'的叙事"也是可以成立的。所以,延伸解读下去,"物语"其实包含了许多东西。

广义的"物语"作品，不仅指"创作物语"，还包括和歌物语、历史物语、说话物语、军记物语等形式，其性质各不相同。其中既有近似于描述外在现实的作品，也有近似于如今的奇幻（fantasy）文学的作品。在这形式众多的物语之中，以梅原猛所说的"物之语"为主要内容的，正是平安时代的作品。

前文我们提到将"物语"的"物"解释为"灵"的观点，在物语具有"赋予关系"的功能这一点上，它令我想到詹姆斯·希尔曼关于"灵魂"（soul）的见解。詹姆斯·希尔曼是荣格派的分析学者，他认为重新认识近代以来被抛弃的"灵魂"的价值，是现代人的一个重要课题。那么，"灵魂"到底是什么呢？下文我们将根据希尔曼的著作《原型心理学》来按图索骥（河合俊雄译，青土社，1993年）。

希尔曼指出："对于灵魂这个词，首先我认为它指的不是一个实体，而是一种展望，换言之，它指的不是事物本身，而是对事物的看法。"通过导入"灵魂"一词，他宣告自己的立场与所谓的笛卡儿式世界观相反。近代人通过明确分离物与心、自与他，收获颇丰，但是他们也试图重新认识那些失去的东西的价值。可以说，在明确的分离发生的瞬间所失去的，正是"灵魂"。或者也可以说，灵魂是"连接"心与身的媒介，它具有"连接"的功能。

在自与他明确分离的状态下，研究者把人体当作与自己完全无关的对象来研究时，会说"脑死亡就是死亡"。如果你问他"脑死亡的状态下，灵魂怎么样了？"，恐怕会被认为问题提得"不科学"。但是，若以希尔曼的"灵魂"理论为参考，那么这个提问提示了在"与自己存在某种关系的人的身体、与自己具有不可割舍的关系的身体"的前提下，如何看待脑死亡问题的重要性。也就是说，如前所述，当把死亡作为第一人称的死亡、第二人称的死亡来思考时，应该如何看待脑死亡这件事。当我们使用"灵魂"这个词来思考时，很多事情就变成了"自己的事情"。

比如说，一位男性与一位女性交往，随着岁月流逝，她年老色衰，魅力尽失，于是男方觉得不能再跟这种女人混在一起。男士的想法或许没错，然而试想一下，彼时她的"灵魂"会怎样？自己的"灵魂"是否也同意弃她而去？这样一想，行为或有所不同。此时，倘若当事人完全忽略"灵魂"而一意孤行，"灵魂"就会变成"物怪"出现。物语就在这样的情况下产生，它就是"灵魂的叙事"。

我又想到一件事。基督教最初传入日本的时候，外国传教士口中的"阿尼玛"（anima，灵魂）被日本人错听成"阿离玛"，写为"在间"，即认为存在于事物与事物之间的东西就是"灵魂"。如果把它理解为灵魂存在于心与身体之间，却是非常贴切的。这个误解堪称完美，直指本质。

再回到希尔曼的观点，他说"灵魂"是"具有有意模糊性的概念"。我们无法说清楚灵魂到底是什么，不过如上所述，当人们认为自己能够明确区分事物的时候，它具备将事物间的界限模糊化的作用。要使它具备这种能力，则用语本身必须模糊。有人会说把一切都模糊化，不是很讨厌的事情吗？希尔曼却认为，只有导入这种有意模糊性，才能使"意义成为可能"。男性抛弃已经厌倦的女性，或许可以一身轻，而女性却因此失去了存在的意义。此时，通过思及"灵魂"，"意义"得以呈现。女方"物怪"的出现，促使男方重新认识女方的意义以及自己与她共同度过的那段人生的意义，于是意义被发现。在我们想说"这跟我没关系"的时候，"灵魂"却一直在强调"有关系"，当我们试图描述这种关系的状态时，物语就诞生了。

物语与现代

到了近代,物语的人气骤降,广义上属于物语的"小说"影响力之大,令人们觉得近代小说比物语文学价值更高。人们认为,物语描写的是非现实性的故事,而小说描写的则是现实。可是事实果真如此吗?

所谓"近代",更准确的说法应该是"欧洲的近代"。欧洲近代兴起的文化极为强劲,说它席卷了全世界也不为过。世界各国的"近代化"其实就是"欧美化",其科学技术最直接地表现了欧洲文化力量的强大。科技不仅使人类掌控、操纵自然成为可能,也让利用科技力量掌控其他国家的野心成为可能。

有趣的是,帝国主义的宣传标语"divide and rule"(分而治之),只需稍作改动便可以直接用作科学的宣传标语。即是说,这个标语可以解读为,通过区分事物(分类),找出其中的法则,从而使其秩序化。近代科学正是这么做的,按照这样的思维方式,"灵魂"之类是根本不存在的。近代以后,人们还会谈论心与身体,而"灵魂"却被抛到九霄云外。

一度有观点认为,自然科学与技术相结合,便可无所不能。最近,大家开始对此观点进行反省。譬如,医学领域涌现出的大量心身症就是其中的一个例证。当身体出现明显的病症,比方皮炎,但无论从心(精神)的方面还是身体方面都找不出发病的原因。通过辨明事物之间的因果关系找到原因,然后进行针对性治疗的传统方法根本行不通。近代医学的方法对于心身分离的治疗完全无效,它的方法论注定会导致这样的结果。

我认为,人们把近代的科技性思维方式引入人际关系之中,导致混乱发生,比如对老年人的态度。他们把老年人从普通人中分离出来，作为一个客观"对象"，研究用什么样的方法操作起来最方便，所谓老年对策就建立在这种思维基础之上。对于老年人来说，这是无法接受的事情。这可能会使他们产生"与其如此，还不如早点老年痴呆了好"的想法。

此时，我总会想起下面这个民间故事：大老爷规定，老年人一到60岁必须被扔入深山。可是有个小伙子将他父亲藏了起来。有一天，大老爷出了一道难题："用灰给我编条绳子！"正当大家一筹莫展之际，被藏匿起来的父亲告诉他们：编一条紧实的绳子，然后用火烧，就可以得到一条灰的绳子。大老爷知道了这件事，十分佩服老者的智慧，从此废除了"弃老"的制度。这个故事里很有意思的一点，是它把"逆向思维"作为老者的智慧生动地表现出来。当其他人冥思苦想，怎么用灰来编绳子的时候，老者却提出了把绳子变成灰的建议。我们是否也应该把这种逆向思维应用于解决老年人问题呢？人们常说老年人"跟不上社会的进步，太落后""什么也不干，太没用"等，如果反过来想，老者"因其阻碍进步而有价值""什么也不干真是太好了"，会怎样呢？这不正是精彩的现代批判性思维吗？

日本的教育也是如此，教授者与学习者被明确分离，教师们考虑如何高效教学，孩子们则学习如何高效吸收知识。这里面也隐含着"期望巧妙'操作'"的近代思想，结果导致教师与学生、父母与孩子关系的断裂，孩子们产生心理问题。教育学家佐藤学主张，现代的日本教育需要"复兴丰富多彩的物语"（《学习之死亡与再生》，太郎次郎社，1995年），笔者深有同感。从前的寺子屋[①]不是也讲物语吗？

[①] 寺子屋，江户时代教授孩子知识的教育场所，设在寺院。

"关系性丧失"可以说是一种现代病，物语作为治愈手段，其重要性逐渐显现。物语具备"连接"的功能，如上述"弃老"的故事，便有连接老年人与社会的作用。

人们区分物语与近代小说的一个标准，是认为前者喜欢偶然，后者则相反，小说处理的是"现实"，而不是物语所表现的虚幻之谈。

笔者作为心理治疗学家，经常会接触到人类生活的"现实"。有的咨询者按照普通治疗方式，已经被认定为"无计可施"。这些人要获得正常生活，需要经历巨大痛苦，与治疗师一起长期并肩战斗。但是有一点必须承认："偶然"是解决问题的重要因素。我的实际感受是，对于一起历经苦痛的当事者们来说，所发生的那些"巧合"，与其说是"偶然"，不如称为"内在必然"更加合适，但在旁观者看来，这件"巧合"之事却只能称为"偶然"。总之，一些既让人觉得"不可思议"又可称为"理所当然"的事情常会发生。

倘若笔者将亲身经历过的这些事情原原本本写成小说的话，想必会招来如下批评："这也太离谱了！""偶然事件，不值一提"等。然而，这才是真正的现实。反过来也可以说，近代小说所表现的基本不是真正的"现实"，或者是仅仅表现了"现实"极为有限的一小部分，这或许也是近来非虚构文学（Non-fiction）备受欢迎的原因之一。我对文学了解不深，在此不做更深入的讨论。但我必须重申一个事实：在对现代人的心理治疗中，物语给了我非常多的启发，它绝非荒诞无稽之作。

在通过物语——以王朝物语[①]为主——实现脱离现代主义的尝试中，还有一点需要考虑，就是笔者小时候，在日本盛极一时的关

---

① 王朝物语，平安时代后期至室町时代前期的物语。

于"超越近代"的讨论。第二次世界大战期间,曾有一些著名学者标榜"超越近代"是大战的意义之一。那么,我们先来了解一下什么是"超越近代"。

1941年12月,日本对英美宣战。10个月后,即日本国民沉醉于日本军队的胜利之中的时候,《文学界》杂志为它的昭和十七年十月刊,召开了一次名为"超越近代"的座谈会。出席者有：西谷启治、诸井三郎、铃木成高、菊池正士、下村寅太郎、吉满义彦、小林秀雄、龟井胜一郎、林房雄、三好达治、津村秀夫、中村光夫、河上彻太郎,共计13人。可以看出,这是当时各个领域最杰出学者的一次聚会。

通览座谈会的内容可以发现,其中的许多观点即便在今天看来,亦令人颇为赞同,但也有一些发言只是符合当时的时代要求。这个现象值得深入讨论,但不适宜于本书内容,权作他日研究题目。在此仅强调一点,所谓"超越近代",当时讨论的是如下命题：日本受近代欧洲的影响过多,为了超越这种影响,必须树立具有日本特色的东西。换句话说,即通过树立具有日本特色的东西来实现对近代的超越。

出席会议者对这一主张的态度存在微妙差异。比如,西方史学者铃木成高提出："为超越文明开化而树立具有日本特色的东西无何不可,但是另一方面,我认为对欧洲更加详备的了解也是必要的。"林房雄随即应和道："此言极是。"而对于当时一些顺应时代潮流,对日本的古典著作进行"轻率的、方便主义指导下的牵强附会的解释"这一现象,三好达治明确表示反对。然而,出席者受当时时代状况所限,均未能摆脱"日本特色的东西"的束缚。

需要注意的是,现代人的确在努力超越近代,但是因为西方的近代已走投无路，便要用东方的智慧来进行简单置换，纯属荒谬。笔者之所以要研究日本的古物语，如前所述，是因为物语诞生于与近代欧洲完全不同的意识基础之上，对于如何在现代生活，或者创造出现代人的物语，可以给我们许多启发。恰巧笔者是日本人，于是便把日本的物语作为研究对象，仅此而已，并非日本有什么比别人优越的地方。从中得出的结论，作为日本人可以借鉴，而对那些致力于超越近代的人来说，重要的是把这些研究成果作为对其他国家的人具有参考意义的东西，找到它们之间的联系。

王朝物语

基于以上观点，下文我们探讨一下日本王朝时代的物语，主要是"创作物语"[①]。不过，探讨只聚焦于现代生存这一角度。笔者不曾涉足本国文学研究领域，先天不足之处，只能仰仗诸贤指正与帮助。此前关于物语的几次对谈（河合隼雄对谈集《谈谈物语》全三册，小学馆，1994年、1997年、2002年），令我受益匪浅。

这批日本物语，创作于9世纪至11世纪之间。薄伽丘创作《十日谈》是在14世纪，与基督教文化圈相比较而言，不得不令人感叹日本王朝物语问世之早远。当然，"物语"以神话、民间故事、传说等形式存在于各地的文化之中。而作为"个人创作"的"物语"，日本物语在时间上毕竟胜得一筹。

笔者将自己对此现象的一些认识预先陈述如下。我认为，在日本，这些物语之所以产生于这一时期，主要与日本不是一神教

---

① 即虚构物语，区别于歌物语、历史物语、说话物语、军记物语等其他物语类型。

的国家、作为物语作者的女性当时的地位、平假名的出现等因素有关。

首先来看一神教的问题。如前所述,人类在生活中离不开"物语"。但在一神教的国家,它是神的工作。既然已经有了神所创作的蕴含大量"物语"的《圣经》《古兰经》,再由人去创作物语,说不定会被加以渎神之罪。因此,在到达个体创作"物语"之前,人类花费了相当长的时间,直到人神之间的关系发生改变,才出现了像薄伽丘这样的人。也正因如此,他写的"物语"才不得不带有渎神的倾向。

据哥伦比亚大学的日本文学研究专家芭芭拉·鲁赫教授说(此言源自我与她的私下交流):在欧洲的中世纪,也有修女对梦境、异象的记录,只是长期被教会所忽视。将来,笔者想把这些记录与同时代日本的物语、日记做比较研究,尤其想对其中关于梦境的部分进行对比研究。鲁赫教授提到,这些记录的作者多为女性,这一点与日本相同,更加令我兴趣盎然。

其次是关于当时女性地位的问题。写出这些物语的女性,都具备经济相对稳定,又被当时的社会晋升系统排除在外的特征,紫式部可谓其典型。当时的男性,均被纳入官场体制之中,各司其职,关心的是在体制中的升迁。换句话说,他们生活在体制的物语中,根本不会去考虑创作自己的"物语"。当今也是一样,许多生活在体制物语中的人,坚信自己生活在"现实"中,感受不到物语的必要性,并蔑视物语的价值。

进入体制之中,便可获得一定的稳定性,自立于世。而那些与体制的升迁物语毫无干系的女性们,开始创作"自己的物语"。不过同为女性,出身高贵的人依然可以参与到男性的晋升物语之中,甚或成为天皇后妃,生下儿子。当儿子成为皇太子继承皇位,自己则成为"国母",稳坐高位。倘若有人心存此念,她也不需要自己的个人物语。

再者,关于平假名的问题。平假名的出现,极大地推动了将个人思想与感情文字化的进程。汉文毕竟过于公事化,只适于记录公共事务,不宜植入个人情感。而且当时的女性已经相当独立,也对物语的产生起到促进作用。女性结婚后,既不必住在丈夫家中,又能接受父亲的财产赠予,经济方面当可独立。

这一时代具备了以上诸多有利条件,促使物语如雨后春笋般出现。以上种种条件,主要是从女性的角度来分析的,但并不排除男性中也有人符合这些条件,尽管为数不多。因而不能妄下断语,说王朝物语的作者全部都是女性。但是笔者仍然认为,王朝物语的作者,基本都是女性。

最后要探讨的是,王朝物语中有很多关于梦境、非现实的存在、亡魂转世的记述。基于这一点,从近代小说批评的角度来看,难免会得出古代物语荒诞无稽的结论。而在评价物语时,基于近代的标准,当作品中"非现实的"东西越多,对它的评价就越低的现象已然出现过,同时还有单纯基于道德标准的评价。笔者试图摆脱此类框架,自由地对物语进行解读。

譬如,当看到关于梦中之事与外在现实相吻合的记述时,就会有评论者认为它是"非现实"的。但是,此类事情其实在现实生活中时有发生。笔者作为一个使用梦境分析做心理治疗的人,对此深有体会。与其说这大多是基于被荣格称为共时性的原理,因"灵魂"的参与而产生的现象,毋宁说,当一个人在灵魂的高度看待世界时,共时性的现象就会经常展示在他眼前。当人们将它"讲述"出来时,从近代意识的角度来看,就是关于"非现实"的现象的记述越来越多了。认识到"物语"的"物"即"灵",对于我们理解这些现象会有所帮助。

我们不应该以近代的视角来审视王朝物语，而应该站在一个现代人的立场，重新评价其中隐含的智慧，从中找到对创建自己的物语有参考价值的东西。我想我们一定会有重大的收获。

第二章
消逝之美

物语之祖

《竹取物语》被紫式部称为"物语产生之祖",但遗憾的是,此书作者及创作年代均不详。它于9世纪时已经出现,可以说是日本最早的"物语"作品。"物语产生之祖"一语,不仅有最早之意,还含有日本物语之"祖型"之意。

实际上,当读完《竹取物语》后再去阅读其他的王朝物语时就会发现,《竹取物语》的主题在王朝物语中以不同的形态被不断重复。这个主题就是:绝世美女拒绝与男性结合,翩然离去。在后文我们会举例说明。总之,这个主题不仅对于王朝物语极其重要,同时也贯穿于整个日本文学。笔者选择《竹取物语》作为物语论的开始,就是因为此书的意义远不只是日本最早的物语那么简单。

《竹取物语》源自哪里?自古以来对此问题研究颇多。《万叶集》中有关于竹取翁的传说;契冲指出《广大宝楼阁经》第一卷中有《金色三童子》的故事;三品彰英主张新罗神话中的《竹筒美女》的故事值得重视;也有人认为西藏地区的《斑竹姑娘》是其原型;等等,五花八门。笔者不认为通过找到物语的"来源"就能解决所有疑惑,我们应该重视的是物语本身的意义。当然,在探寻这个意义的时候,有时需要参考一些类似的故事,但无须判断它是否为其原型。

上述各个说法中所提到的故事均与《竹取物语》多个主题中的某一点有关,但均缺乏可以认定为原型的有力证据。《万叶集》中的竹取翁传说讲的是一个叫竹取翁的老者和他的女儿们的故事,《金色三童子》讲的是金光从竹子与诞生于竹中的童子身上生发的故事。这两个故事中都没有笔者所说的"决然离去的美女"的主题,反倒是新罗的《新罗殊异传》在这一点上最为接近。它说的也是一位美女自竹中诞生,只是与《竹取物语》不同的是,美女与一男性结成夫妇。但在故事末尾,美女突然消失,体现出两者的相似性。西藏的故事是一个喜结良缘的故事,难以看作《竹取物语》的来源。

《竹取物语》开篇登场的是一位叫作竹取翁的老者,很多研究指出,老者在日本民间故事中的出场频率高于其他国家。此处颇有意思的是,一般认为这个老翁的名字叫作讚岐造麻吕。故事发生的时代、地点、人物等没有特指是民间故事的特点,通过像"很久很久以前,有个地方有位老爷爷"这样的开头,说明故事发生在远离日常生活与具象世界的时点,将听故事的人一下拉入非日常的世界。近代小说因为重视与"现实"的联系,即使是虚构的故事,也一定会把时代、地点和人物特定化。从这一点来说,"物语"介于小说与民间故事之间。

《竹取物语》以"从前"开始,这是它与民间故事的相同之处,而明示出场人物老翁的名字,则显示出它与纯粹的民间故事不同。虽说物语介于近代小说与民间故事之间,但物语个体之间存在程度差异。如果说王朝物语中的《竹取物语》偏向于民间故事的话,《源氏物语》则更偏向于小说,两者的差异仅从开头部分便可看出。

民间故事产生于民众之中,当然无所谓作者,而小说则是明确的个人作品。尽管存在异议,一般认为《源氏物语》的作者是紫式部,属于个人作品。而《竹取物语》作者不详,也与上述观点相符,它可能是由多个作者创作而成。

诞生于竹子的姑娘清纯美丽,而且从那以后,老翁经常在竹子中发现黄金,渐渐变得富有,这说明姑娘不是普通女子。她的名字"柔竹赫夜姬",充分体现了她光芒四射的容貌。

许多人慕名前来求婚,美少女却毫不动心。有人来求竹取翁,老翁回答:"此子非我所生,不由我意。"别人把竹取翁与赫夜姬看作父女或者爷孙,但是老翁不以为然,他知道应该尊重赫夜姬的自由意志,不过老翁依然希望她能够结婚。于是,赫夜姬一边假装答应,一边想办法逃避结婚。她向求婚者提出不可能做到的要求,正如大家所知,那些求婚者后来分别陷入不幸的结局。

物语对赫夜姬提出的难题以及那些男性为解决难题而做出的徒劳努力,描写得十分有趣。倘若仅仅着眼于这一点,人们会把西藏的《斑竹姑娘》等看作它的原型。但是笔者认为,这一部分可能是为了增加物语的趣味性,后来才被插入或扩写的。我认为,上文提过的赫夜姬的离开,才是本物语最重要的主题。

一个值得注意的细节是,每个求婚者故事的结尾都以古时候的"附会"结束,即以牵强附会的文字游戏而结束。比如第一个故事中,石作皇子拿来假的"佛御石钵",结果当场露馅,把钵扔了。可他不以此为耻,竟然继续对赫夜姬纠缠不休。于是,人们把这种恬不知耻的行为称为"弃耻"(与"弃钵"双关①),云云。这种结

---

① "耻"与"钵"在日语中发音相似,因此"弃耻"与"弃钵"谐音。尤其是当时清浊音不分,两者书写为平假名时均相同。

尾方式常见于《风土记》，但在其他的王朝物语中却很罕见，似与《竹取物语》产生的年代较早有关。

消逝之美

五个求婚者无一人成功，其中两人甚至因此丧命，赫夜姬仍然不为所动。最后连天皇也动了心，赫夜姬却照例无动于衷。后文我们会谈到，王朝物语中继承赫夜姬谱系的美女们虽然拒绝了众多的求婚者，但都做不到断然回绝帝王的要求，或者说她们认为帝王的求婚是不能拒绝的。而赫夜姬之所以能够一以贯之，大概是因为《竹取物语》近似于"民间故事"。其后的物语越来越接近现实，再也无法简单地把帝王与普通人同等看待。

赫夜姬不顾帝王的爱慕，回归月亮世界。无论如何，绝世美女是不会与任何男性——即便他是帝王——结婚的，她必将离开人类世界。当时的日本人由此确立了他们的审美意识，这种审美意识作为日本文化的根基源远流长。那么，当时的日本人为什么会认为美是如此虚幻无常的东西呢？

要探讨这个问题，可以借助那些或可称为"赫夜姬之先驱"的人物。首先浮现于我脑海的是日本神话中的木之花开耶姬，她是天孙琼琼杵在人类世界见到的美女。琼琼杵当即向她求婚，木之花开耶姬的父亲却把她的姐姐石长比卖也一并许配给琼琼杵。琼琼杵嫌弃石长比卖相貌太丑，将她送还娘家。岳父母知道后，说石长比卖如其名字所示，拥有长生不老的能力，既然琼琼杵拒绝了她，只留下木之花开耶姬，那么他的子孙寿命将不能长久。于是，从此以后，人类失去了永生的可能。其中美与丑、瞬间与永恒的对比，借用花朵与岩石的意象表达出来。

实际上，赫夜姬也有丑陋与永恒的一面。当那五个人前来求婚时，竹取翁劝她尽早结婚。赫夜姬回答说，像自己这样的丑女，如果不知对方底细匆忙成婚，势必导致不幸。也就是说，她认为自己相貌丑陋（这个问题后面我们还会谈到）。而在她的世界（月宫），人人可以永葆青春以及天仙带来"长生不老药"的情节，则表现了她永恒的侧面。

木之花开耶姬与赫夜姬的故事，表现的都是美与永恒在"此世"中无法共存的思想。另一方面，那些渴望长久的婚姻，也总是与美无关，不管事实上这婚姻能否如愿持久。

想来人活于世，必有死的一天。所以，接受死亡是美感体验的前提条件。只有以花落为前提来赏花、以月缺为前提来赏月，才会有美的发现。

将落花之无常与美联系在一起的，是赫夜姬的另一个先驱者，即《万叶集》中的"樱儿"。两位男性同时向"樱儿"求爱，她无法抉择，苦恼不堪，自杀了之，与落花同逝。实际上，赫夜姬也说过让人联想到自杀的话。帝王对竹取翁说，如果肯把赫夜姬献给他，他会赏给竹取翁五品官位。老翁大喜过望，告诉了赫夜姬。赫夜姬说，如果强迫她入宫，她就消失，或者暂时同意入宫，等老翁得到官位，她就去死。此处亦可见死亡的阴影在蠕动。

与其说特别欣赏消逝之美，不如说若要追求绝世之美，就会无限接近死亡。也就是说，美的阴翳之中必然有死亡存在，从而促使人们意识到事物的消逝。本居宣长说《源氏物语》表达的是"物哀"，而正因为"物哀"之美与死亡有关，才会唤起"哀"的情感。

赫夜姬之美，使人不敢贸然接近，这种美堪称冷酷。中西进对形容赫夜姬的词"けらら"和"きよら"①有一番独到的见解。"还有一位女性也被用'きよら'来形容,她就是《源氏物语》中的紫上。书中屡屡用'きよら'形容紫上,可以说紫上继承了赫夜姬的意象。"而且,"紫上的死亡时间是在中秋的前一晚,正当月明之时。此外,最开始对紫上的描绘体现了樱花的意象"(中西进/河合隼雄的对谈《竹取物语——夺命之美》,收录于《谈谈物语》)。

这种明月、花朵、美女的美丽及其与死亡相关联的意象,形成了日本人审美意识的核心。正如上例中的紫上一样,这一核心在后来的物语中以不同的面貌,千变万化地体现在各个物语的主人公身上。

"不许看"之禁令

赫夜姬认为自己相貌丑陋,面对帝王的追求时,也说自己不美丽。当帝王强行来访,要带走她时,赫夜姬像影子一样消失了。也就是说,她避免了被帝王看到。

日本的民间故事中,明显含有"消失的女性"主题的是《黄莺之乡》。对于这个故事,笔者另有详论(拙著《民间故事与日本人的心灵》,岩波书店,1982年),在此不赘述。其中值得注意的一点,是关于女子因为男子违反她"不许看"的禁令而决然离去的叙述。

因为男方不遵守"不许看"的禁令而导致女方离开的故事,还可见于有关丰玉姬的神话。丰玉姬与到访海底宫殿的山幸彦结婚,当她怀孕生子时,她嘱咐丈夫,切不可偷看她在产房生产的情景。结果山幸彦违反禁令,窥见丰玉姬生产时变成一条鳄鱼,大为惊

---

① 这两个词都是古日语中形容相貌和气质高雅、美丽的词。

骇。因为被丈夫看到自己丑陋的原形，丰玉姬离开他，回到了海底世界。

说到打破"不许看之禁令"的男性，我们就不能不追溯到伊邪那岐与伊邪那美的故事。其中既有丑陋这一要素，也与死亡相关。伊邪那美死后，她的丈夫伊邪那岐追随她到黄泉国，想把她带回人世。伊邪那美说，她要跟黄泉国的神交涉一下，让他等一会儿，并告诉他等待期间不许偷看自己。但是伊邪那岐没有遵守禁令，点燃一支火把，看到妻子的样子——竟然是一具无比丑陋的腐尸。伊邪那美大为光火，要把他捉回阴间。伊邪那岐好不容易才从虎口脱险，逃回此世。

伊邪那岐、伊邪那美的故事与丰玉姬故事的相同之处，是违反"不许看之禁令"的男性看到了女性的丑陋原形，不同的是伊邪那美的故事清楚地表现了她的震怒。正是同样的愤怒，致使赫夜姬将追求自己的男性推向死亡的境地，赫夜姬实现了伊邪那美未能实现的对男性的愤怒复仇。

对于这些绝世之美故事背后所隐藏的丑陋故事，到底应该怎么理解？很早以前，我曾听说过一件事，或许它可以为我们提供一种思路。

事情是这样的。有一个高中女生，长相十分美丽，路上与她擦肩而过的人，都会忍不住回头多看几眼。她企图自杀，幸好没能成功。心理辅导老师与她谈话时，她说自杀的原因是因为她觉得"没有人比自己更丑"，辅导老师觉得很不可思议。接着她又说，那些男性看她的眼神特别讨厌，她觉得这一定是因为她有什么地方非常丑陋。这件事情很有启发意义。

别人可以简单地安慰她说："丑陋的是那些男性的心灵，你没有丝毫丑陋之处，反倒是太美丽了。"可是这样的说法并不能让她安心，她要振作起来，尚须付出更多努力。可否这么认为：引发男性卑鄙的非分之想的，不仅仅是她的美貌，还有她自身内部与其呼应的部分。如果美只是单纯的美，其实并没有多少魅力，必须带些难以名状的丑陋之处，才会令人欲罢不能。所以，赫夜姬说自己丑陋并非谦辞，而是她觉察到了自己丑陋的一面。

在这美与丑的物力论中，为什么对伊邪那美与丰玉姬来说更多强调的是其丑陋的部分呢？原因大概与"看"这一行为有关，把对方作为看的"对象"——尽管已被叮嘱禁止偷看——的行为导致丑陋的部分曝显出来。日本人所熟知的"夕鹤"故事是一个以异类为妻的故事，来自于《鹤妻》。此类故事讲的都是男子违反"不许看"的禁令偷看妻子，发现她们的"原形"是鹤、鱼、蛇等。原形暴露之时，亦即分道扬镳之日。夫妇之间在此之前堪称水乳交融，而当男方非要把女性作为"看"的对象的时候，夫妻关系立刻天崩地陷。

汉字的"观"字，即"观照"，含有观内与观外双重意思，两者同时并存。当男女双方互相依存、不分内外的时候，体现的就是"观"之美。在这种关系里，根本不存在"原形"的概念。而当把对方对象化，从自身分离出去"看"时，就会使得"原形"毕现，丑态毕露。我认为这也适用于对伊邪那美、丰玉姬的理解。

在这种危险的男女关系里，伊邪那美的极端行为淋漓尽致地表现了"被看"方的愤怒。如果女方比较柔和，就会像《竹取物语》里的求婚谈那样，产生滑稽感。"哀"的身边总是伴随着"怒"与"谐"。

王朝物语以各种不同的形式表现了日本文化的核心——"哀"，同时，它对"谐"的表现也相当丰富。比如王朝物语中的《落洼物语》和《换换多好物语》，故事中就融入了许多"谐"的要素。而关于"怒",却很少在王朝物语中见到直接的描述,只在《源氏物语》的"物怪"①等地方有所体现。

对他界的憧憬

如前所述,美与永恒不可并存,赫夜姬最终回归月亮的世界。帝王将世间难得的"长生不老药"付之一炬,想必是选择了美。

越是得不到的东西越想得到,这是人之常情。既然此世中不可得,于是便寄希望于他界,由此产生人们对他界的憧憬。这种恨不能将彼世呈现于此世的、近乎绝望的憧憬之情,是构成日本人美的意识的一大要素。这种憧憬之情在《竹取物语》中是以赫夜姬飞天的形式表达出来的,只有她一个人能够前往他界,即便是帝王,也无法阻止她或与她同行,这说明赫夜姬的美绝世无双。

"对他界的憧憬"会促生向死的意志。当今世界,青春期厌食症频发,女孩们拒绝饮食,甚至导致死亡,其行为背后就是对"美的永恒"的向往(当然,不是所有案例都符合这个解释)。对她们来说,接受此世的原理非常痛苦。顺便说一下,前文提到的那个自杀未遂的女高中生,她在盆景中养了很多蛇、蜥蜴等各种丑陋的生物,逐渐接纳了自身内在丑陋的一面,最终重获新生。

"对他界的憧憬"有时并不会马上变成生死问题,它还可以通过出家的方式实现。王朝时代的男男女女总是期待有一天可以出家修行,这是迎接美不可言的死亡、实现美的永恒的重要一步。

《源氏物语》的紫上,如前所述,继承了赫夜姬的谱系。她多次要求出家,都被源氏劝阻。出家几乎等同于死亡,所以尽管有出

---

① 物怪,指的是附在人身上害人的阴魂、生魂(活人的灵魂)、鬼怪之类。

家的愿望，但由于对此世的执念或来自此世的羁绊等因素的干扰而难有结果，也是很自然的。王朝物语中的很多故事都描写了在出家问题上的纠葛。

紫上与源氏结婚，因其牵绊，出家受阻。作为未能出家的补偿（这样说或许有些奇怪），紫上临死时的情形被描写得十分美丽，可以说，她在弥留之际实现了出家的愿望。美国的日本文学研究者艾琳·嘉顿指出，在《源氏物语》之前，对于某人离世只会简单记述为某某死亡，从《源氏物语》开始，才对其死亡时的情形进行具体描述（A.嘉顿/河合隼雄的对谈《源氏物语（1）：紫式部的女性曼荼罗》，收录于《续·谈谈物语》）。这个变化意义重大。此外需要注意的是，书中仅描述了藤壶、紫上与大君三个人临死时的情形。考虑到这三个人也是作者紫式部着力推崇的人物，此事更加值得深入探讨。

需要注意的是，王朝物语把阻碍出家的人际关系称为"绊"。绊在今天被称作"亲情"，用于如"珍惜与家人的亲情"等口号中，但它原本的意义是否定性的。"绊"本是一种器具，用来缠在牛马的腿上，限制它们的行动，确实具有"羁绊"的作用。从现代的角度来看，它同时具有肯定和否定两方面的意义。而在王朝时代，如前所述，"绊"表示妨碍出家等个人自由意志的东西。

在这一点上，可以说赫夜姬没有任何羁绊。虽然她与竹取翁之间存在感情，几乎成为她离去的羁绊，不过结果既是命中注定，也就没什么可说的了。当披上"天之羽衣"，面对老翁，她不再有任何可怜或悲伤等感受，充分说明她是属于异界的。出家后，僧衣披身，理应割断此世因缘，但实际上，这绝非易事。从历史上看，出家之后仍孜孜不倦于俗务的大有人在，日本的美意识并不能无时无刻都主导着日本人的行为。在此意义上，可以说赫夜姬是站在日本人美学原点的人物。因此,确如紫式部所言,《竹取物语》是"物语产生之祖"。

紫上因为源氏的牵绊未能出家,继承她出家愿望的是"宇治十帖"中的浮舟。浮舟夹在薰与匂宫之间,拒绝了双方的追求,投河自尽,所幸被水冲到岸边。僧都发现蜷缩着的浮舟时,说她"似赫夜姬",可见紫式部是有意识地把浮舟塑造为赫夜姬谱系的女性的。浮舟虽未飞去月宫,却成功出家。当然众所周知,故事并未就此结束。不过,尽管此后又发生了很多事情,浮舟却坚守着自己的赫夜姬属性。

赫夜姬作为一种祖型对物语产生影响,永井和子认为《醒来物语》的主人公中君(醒来夫人)的"赫夜姬体验"即是其中一例(永井和子/河合隼雄的对谈《醒来物语:永恒之美少女的苦恼》,收录于《谈谈物语》)。

赫夜姬明显属于他界,而中君是在少女时代,她十三四岁那年的八月之夜,做了"天仙下凡的梦"。在梦里,天仙预言她会成为琵琶高手,并且人生会历经苦难。尽管中君不明就里,但她知晓自己是一个非常特别的人,不过,她又分不清那究竟是梦境还是现实。这就是中君的体验。永井说:"我把这种对半生不熟的异能性、异质性的觉察称为'赫夜姬体验'。"她又补充说明道:"也就是说,她们觉得自己虽然生活在这个世界,但实际上自己或许很特别,可以接受来自另外世界的信息;或许自己与这个世界的人不一样。她们是一群对自我存在深感不安的女性。"

我十分赞同"赫夜姬体验"的说法,它恰切地表现了中君在青春期情绪的震荡与不安中的内心体验。可以说所有的青春期少女在心灵深处都有这样的体验,只是在对少女的意识产生威胁的方式和程度上存在较大的个人差异。少女周边的各种人际关系以及少女本身的敏感程度各有不同，但在精神深处，每个少女都有"赫夜姬体验"。

老翁与女儿

《竹取物语》中既有老翁也有老姬，但故事只讲了老翁如何如何：发现赫夜姬的是老翁，后来，袒护赫夜姬、催促赫夜姬出嫁的也是他。物语从多个方面表现了老翁与美丽女儿之间的关系，直到物语的最后，赫夜姬披上天之羽衣之前，两人之间都有细腻的情感交流。

由老翁做美少女的后盾，这种形式在物语中屡见不鲜。老者既是女孩的保护人，也是她与外界沟通的媒介。有时甚至因为对女儿过度保护，结果成为女儿成长道路上的障碍。赫夜姬与老翁的关系，开始的时候，老翁是赫夜姬的保护者；到了谈婚论嫁的时候，老翁是她挑选佳婿的中间人。在选婿的问题上，他清楚地认识到自己与赫夜姬没有血缘关系，明白自己做不了主，没有指手画脚。

《竹取物语》也表现了"难题选婿"的主题。提出难题的人有时是美少女自己，有时是少女的父亲。父亲会想："绝不能把女儿交给轻薄的男人"，甚至可能会想："怎么可以将最爱的女儿交给别人呢？"赫夜姬故事的特点是，难题均由她自己提出，然后她冷眼看着那些求婚的男人一个接一个以失败告终，反倒是老翁一副坐立不安的样子。

可以称为"老父亲与女儿"的故事祖型的，是神话中的速须佐之男与其女须势理毗卖。他们住在黄泉之国，大国主前来造访，速须佐之男不断提出各种难题，有些甚至危及大国主的性命。但在最后两个年轻人手挽手逃离时，速须佐之男却大声地送别他们，并对他们的未来祝福，生动地展现了老父亲心中的矛盾情感。

当女儿对老父亲感情非常深厚的时候，就不会轻易倾心于年轻男性。《源氏物语》"宇治十帖"中的大君，也是承继赫夜姬谱系的女性，她与其父宇治八宫之间的关系值得深入探讨，他们之间的亲密关系是导致大君拒绝男性追求的一个重要因素。

前文提到的经历了"赫夜姬体验"的《醒来物语》主人公中君，也与她父亲的关系很亲密。中君对故事的另一位主人公（中纳言）逐渐产生爱慕之情，却极力回避与他结合。虽然可以说，这是因为她忌惮世人的眼光与口舌，但在其行为决定的背后，总有她父亲太政大臣的影子，可以说父亲比爱人的力量更强大。

对于女儿来说，当父亲作为其精神的体现者而存在的时候，父女之间的个人情感便会变成与"父性"这一超越性存在之间的关系。此时，作为丈夫或情人出现在她面前的男性，是无论如何也不能与父性匹敌的。《醒来物语》的中君就是受到这种心理的驱使。此处涉及的父女组合问题，也是现代日本的一大课题。

王朝时代的父女问题还与另外一件比较复杂的事情有关。那个时代，实权在握的是天皇的外祖父，而不是天皇，这就是摄关政治的特点。从形式上看，天皇的地位最高，而他的母亲比他更尊贵，被称为国母。然而有趣的是，最最尊贵的人却是国母的父亲，即天皇的外祖父。这与纯粹的父系权力传承的构造完全不同。在纯粹的父系权力传承构造中，最重要的是父子轴，仅限男性系列，没有女性参与的余地。

与此不同的是，在日本，父女轴与母子轴巧妙地重合在一起，祖父—母—子的三人组合备受重视。因此，平安时代有权有势的人若想位极人臣，首先必须要有一个出类拔萃的女儿，然后将她嫁给天皇，并生下男孩。只要这个男孩成为天皇，便可万事大吉。

因此，父亲一方面对女儿很疼爱，另一方面也很清楚她是自己强有力的政治工具，事情因而变得比较复杂。无论在心理上还是政治上，女儿都具有重要意义。作为父亲，有时难免心境复杂。《源氏物语》中的八宫与他的女儿大君，因为八宫完全放弃了政治上的野心，所以不存在这种复杂的心情。他一心一意地宠爱女儿，反倒令大君不能完全自由自在了。

若要结合祖父—母—子的关系组合来探讨老翁与女儿的问题，就必须涉及整个王朝物语，此处不及详论，另待他日。

赫夜姬的谱系

如上所述，赫夜姬在整个王朝文学上投下了巨大的影子。前面我们已经讨论过《源氏物语》中的紫上、大君和浮舟，尤其是《醒来物语》中的中君，其核心便是"赫夜姬体验"。若要将其他有关物语也纳入讨论范畴，则会涉及整个王朝物语。下文仅对笔者注意到的几个有代表性的例子稍加探究，并以之作为本章的结束。

要在王朝物语中找寻赫夜姬谱系的继承者，可谓俯拾皆是。关于《源氏物语》《醒来物语》，前文已经谈及。其他物语中也常可看到苦恼于"无果恋情"的男女主人公，其缘由虽然未必是因为女性"拒绝结婚"，但这的确是日本的王朝物语一以贯之的重要主题。既可见于《狭衣物语》，也见于《浜松中纳言物语》，还有相亲相爱的男女共度一夜后再难相见的情形。

在这些属于赫夜姬谱系的女性中，《宇津保物语》里的贵宫拒绝了众多求婚者，这一点与赫夜姬相似。当然，她也是一位绝世美女，才会有那么多男性为之倾心。只是《宇津保物语》没有达到《竹取物语》那样超自然的程度，所以贵宫不能飞去月亮的世界。

她最后与皇太子结婚，结局非常现实。而与皇太子的婚姻，含有进入一个远离俗世的世界的意思。

日本文学研究者高桥亨指出，"创作物语"的谱系是"从《竹取物语》到《宇津保物语》《源氏物语》，三者垂直相传，并构成其中心"（高桥亨/河合隼雄的对谈《宇津保物语：创作物语的力本学》，收录于《续·谈谈物语》）。关于《源氏物语》中的"赫夜姬谱系"在前文我们已经探讨过，那么，《宇津保物语》中是如何体现的呢？

受与高桥亨对谈的启发，笔者认为赫夜姬的意象在《宇津保物语》中，分身为贵宫与俊荫之女两个人，作为祖型的赫夜姬在现实化的过程中被分化了。贵宫属于拒绝众多追求者的绝世美女类型，而俊荫之女拥有某种与赫夜姬同质的"超越性"。也就是说，当赫夜姬的形象被拉近于外在现实时，分身为贵宫与俊荫之女。本故事中，俊荫踏足超自然的世界——他在日本之外的国家，借助超自然的力量成为和琴高手后回到日本。他的女儿继承了他的高超技艺，曾在深山中的树"洞"（宇津保）里生活过一段时间，这意味着一定程度上，俊荫之女是个超脱"此世"的人物。

俊荫之女的儿子仲忠非常优秀，他恋慕贵宫，可是无法与她结合，痛苦不堪。虽然贵宫与赫夜姬不同，嫁给了皇太子，但总而言之，她进入了一个仲忠无法企及的世界。仲忠的形象，令人想到《源氏物语》中的薰，也佐证了前文我们关于《宇津保物语》介于《竹取物语》与《源氏物语》之间的说法。

对赫夜姬谱系的探究到此暂告一段落。从上述各方面来看，《竹取物语》的确称得上"物语产生之祖"，其核心是"消逝的女性"的意象，这种美意识作为日本文化的重要基石，一直持续至今。

第三章
从不杀人的争斗

物语与杀人

在阅读平安物语的过程中，笔者不经意间注意到，物语中从未出现过"杀人事件"。不知道所谓"散逸物语"（存在于当时而没有流传到现在的物语作品）中是否存在有关"杀人"的情节，仅就现存的王朝物语而言，应该是没有的。古今东西有许多充满杀戮的故事，也有很多危及生命的争斗的故事，与它们相对照就会发现，王朝物语的这个特点十分罕见。比如莎士比亚的作品《哈姆雷特》《奥赛罗》《麦克白》等，倘若抽掉其中杀人的部分重新组合，故事就会筋骨尽失。

包括以《源氏物语》为首，像《宇津保物语》《狭衣物语》等鸿篇巨制的物语在内，所有物语作品中均未出现对于杀人或导致杀人的争斗的描述。如后文所述，物语中存在有关争斗的描述，但没有一次发展到拔刀相见的程度，真是不可思议。

众所周知，弗洛伊德认为人类欲望的根本是性，阿德勒则认为其根本在于权力意志。之后，在深层心理学领域，厄洛斯（性爱）

和权力被作为人类的基本欲求受到不同程度的重视。由此可见，厄洛斯与权力成为人类"物语"的两大重要支柱是很正常的。任何人都有向外扩张权力，力图将更多事物纳入自己统辖之内的欲望。由于人人都有这样的欲望，势必引发争斗，争斗的极端结果就是置对方于死地。事已至此，便会想尽各种办法杀死对方，而死者的朋友或家人也会复仇。如此一来，"物语"可以不断膨胀。

可以说杀人是构成"物语"的一个重要因素，但它在平安朝的物语中却了无踪影，是不是说，这个时代本就是一个极少杀戮的历史时期呢？本次我们要重点讨论的《宇津保物语》里罕见地出现了关于政治斗争的描述，但也没有发展到杀人的程度。其中只有一个地方写到了杀人，即《节庆使》一卷中，贫困而勉学的儒生藤原季英提到自己的家世时说："家父成荫左大弁曾为参议①，后为武者所杀。"由此来看，"杀人"事件还是有的，只是事实上并不多见。但是不管怎样，这样的杀人事件对于物语整体来说，显得无足轻重。

公卿也佩刀，但他们不会拔刀战斗。《宇津保物语》中，贵宫拥有众多追求者。其中有一位宰相，名字叫作太宰帅滋野真菅，年已六十，被刻画得颇为滑稽，有一处描写了他的拔刀之举。真菅固执地认为贵宫一定会嫁给自己，连新房子都预备好了。然而，如《贵宫》一卷中所述，贵宫做了皇太子妃。他得知消息后怒不可遏，冲出家门要去朝堂理论，家仆劝他不要乱来。真菅狂怒之下拔出佩刀，一通乱舞，喊着："我要砍下你们的脑袋！"家仆不敢继续劝阻。这里并没有写他真的杀了家仆，想必拔刀不过虚张声势罢了。

抛开"攻击性"这一人类的基本欲望，却依然诞生了如此精彩的物语，日本的王朝物语的确值得特书一笔。那么，其原因何在？

---

① 成荫即藤原成荫，是藤原季英父亲的名字，左大弁相当于左尚书，参议相当于丞相。

这些物语中究竟描写了什么？找到这些问题的答案即是探明了王朝物语的特点。本文将主要从《宇津保物语》切入来探讨以上问题（以下有关原文引用，均据《宇津保物语》，日本古典文学大系10-12，岩波书店，1959—1962年；以及浦城二郎《宇津保物语》，晓星，1976年）。

《宇津保物语》与争斗

在《竹取物语》与《源氏物语》之间，存在《宇津保物语》和《落洼物语》两个重要的作品。《源氏物语》中曾经提及《宇津保物语》，似乎受到不少它的影响。《宇津保物语》的重点是贵宫的故事，它继承了《竹取物语》中赫夜姬的意象；同时，对和琴的音乐传承也是本作品的一大主题；此外，物语结尾处有关政治斗争（以"让渡国土"的形式出现）的描述，为其他王朝物语作品中所无，值得特别注意。以上三者之中，与赫夜姬有关的问题已于上一章涉及，与音乐有关的问题拟于下一章进行讨论，本章重点探究其中的政治斗争及相关争斗。

王朝物语中登场的公卿们，从早到晚忙于追求美女，送和歌、赠信物，为与梦中情人相会殚精竭虑。当时的男性真的是除此之外无所事事吗？答案是否定的。这种花前月下之事无疑很重要，但他们在自己的官位上亦相当努力，兢兢业业为朝廷服务。他们最关心的事情就是如何才能高升，《宇津保物语》里也有因丢失官职而导致一家人生活窘迫的故事。

前面提到过，藤原季英的父亲被武者所杀，季英作为儒生虽才华横溢，却因穷困潦倒被劝学院的博士们视若草芥。季英好不容易得到左大将的赏识，无情又贪婪的博士们却从中作梗，推举那些私底下贿赂他们的无能之辈。贿赂在当时定当大行其道。

《嵯峨院》一卷中的描述值得注意，这是贵宫的追求者们所做的滑稽事之一。上野宫是一位上了年纪的皇子，他计划强行抢亲，贵宫的父亲左大将藤原正赖得知消息，施以狸猫换太子之计。上野宫不明真相，以为抢亲成功，沾沾自喜（此段见于《藤原君》卷）。其中我们要关注的是，平中纳言正明与正赖的一段谈话。正明在宫中不经意间说道："左大将该不是生病了吧？"上野宫听了非常生气，心想：你怎么可以在我面前对我的家人如此胡言乱语呢（他认为自己一定会成为左大将的女儿贵宫的丈夫。）？于是激烈地指责对方："你是盼着左大将生病吧？"又说："即使左大将被你咒死了，你也不可能一步登天做大将，比你中纳言位高的人多着呢！"

上野宫的故事被滑稽化了，不过由此段看来，当时应该存在欲置别人于死地的诅咒之术，可是物语中并没有出现过关于某人为了升官而毒害或者暗杀别人的事情。

虽然现实生活中，男性们对官位晋升如此执着，物语却对此丝毫不感兴趣，只在《宇津保物语》中能看到一点与之相关的描述。这就是物语结尾处称作《让国》的部分，含上、中、下三卷。故事的梗概如下。

贵宫入宫做了皇太子妃，不久后生下一个男孩。皇太子妃嫔众多，其中有一人被称为梨壶，是右大臣兼雅之女，她也育有一个男孩。于是问题来了：当皇太子即位成为天皇之后，该立哪位皇子为皇太子呢？换言之，哪一方成为皇太子，决定了是贵宫（称藤壶）的娘家获得繁荣还是梨壶的娘家能够昌盛。因此，这是家族与家族之间的斗争。

藤壶方面，她的父亲正赖是左大臣，位极人臣，且子女众多，儿子们皆居高位，女儿们均结良缘。他的长女是朱雀帝的女御，集万千宠爱于一身，人称仁寿殿女御，育有四位皇子、三位皇女。九女贵宫，风华绝代，时为东宫女御。正赖的权势，无人可以比肩。加之在众多嫔妃中，东宫独爱贵宫（藤壶），正赖的地位似乎坚不可摧。

可是偏偏有人要挑起事端，这个人就是朱雀帝的皇后、东宫的母亲，人称"后之宫"者。她认为，自古以来成为皇后的女子都出自藤原一族，而由出身一代源氏家的女儿做皇后，立其子为皇太子之事有违先例。藤原正赖虽冠有藤原姓氏，权倾朝野，实则为第一代源氏①，因此不宜立其女藤壶之子为东宫太子。她提出立自己的娘家人兼雅的女儿梨壶所生的皇子为太子。于是，形成了藤壶一方的正赖与梨壶一方的兼雅剑拔弩张的局面。

争斗的过程

这件事如果放在别的物语中，可能会描写两个家族如何玩弄各种权谋术数，甚至武力相向。但是在《宇津保物语》中，两大家族可谓相安无事，乃至令人怀疑这是否称得上政治斗争。

如前所述，只有皇后一人积极行动。她命令娘家人太政大臣②忠雅和右大臣兼雅带儿子们一起来见她，讲了上面关于立太子的那些话。她号召大家同心协力，不要让家族蒙羞。结果太政大臣忠雅

---

① 天皇有时会将皇子降为臣籍，赐姓源氏，此皇子则成为以他为首的家族中的第一代源氏。如《源氏物语》中的光源氏，就是他的父亲天皇为了保护势单力薄的他免受皇太子位之争的危害，特地赐他源氏之姓，降为臣籍，失去成为皇太子的资格，从而使政治对手放过他。
② 太政大臣是地位最尊贵的臣子，属名誉官职，不执掌具体事务，取德高望重者任之。若无适当人选，可空缺。

却说，他认为立谁为皇太子应该由天皇自己决定，所以由当今太子即位后自己决定即可。皇后说，若如此，东宫一定会立他最喜欢的藤壶之子为皇太子，所以大家应该齐心协力向东宫进言，促使他立梨壶之子为皇储。

皇后的哥哥兼雅对此提议的回答颇为有趣。他说，在场的太政大臣忠雅及其两个儿子，各娶正赖的女儿为妻，自己的儿子仲忠，娶的也是正赖之女仁寿殿女御所生的长公主，因此，正赖家通过婚姻关系与咱们家连接在一起。如果正赖知晓我们今天密谈之事，说不定会让他的女儿们离开夫家，让仁寿殿女御和藤壶分别从天皇与东宫处退出，果真如此，可就天下大乱了。兼雅表示，他不想看到这样的后果。这说明男人们全无战斗之意。

皇后依旧不死心，她生气地说："你们以为除了正赖的女儿们，天下就没有女人了吗？"甚至许诺将自己的皇女嫁给太政大臣忠雅。当她听到仲忠说藤壶是个聪明人时，便诅咒藤壶"此女当受神罚"，气焰十分嚣张。

皇后直接向朱雀帝提出自己的建议，不料朱雀帝也说此事当由东宫即位后自行决定，皇后对此心生怨恨。朱雀帝退位，东宫即位，新天皇并未立刻宣布立谁为太子。皇太后觉得依然有机可乘，悄悄将兼雅叫来，嘱咐兼雅如果仲忠反对的话，就与他断绝父子关系。兼雅没有答应。

那么，正赖一方表现如何呢？皇后的强硬态度随着流言传播开来，皇宫内外，所有人都认为梨壶之子一定会成为太子。于是，原本聚集在藤壶身边，希望通过攀附她实现飞黄腾达的人们渐渐离去。令人不解的是，如前所述，太政大臣忠雅的儿子们作为正赖的女婿，只要站出来说一句"我们并不想拥立梨壶的皇子为太子"，问题就可以解决了。然而，他们除了担心"不知正赖会对流言蜚语作何感想，我们可是与之毫无干系"，竟然一言不发。而另一方面，正赖暗下决心："如果梨壶之子成为太子，我便立刻出家"，此番毫无斗志之态，着实令人印象深刻。

藤壶又作何打算呢？时值她从宫中退出，回到父亲（正赖）家中待产，没有机会见到天皇。天皇当年尚为太子时，曾经许诺日后一定立她生的皇子为太子，藤壶相信天皇会实践自己的诺言。但是随着时间的推移，她的信念也动摇了，心里暗想：如果梨壶一方胜利，自己便削发为尼。总之，不管是父亲还是女儿，他们考虑的都是失败之后如何自处。

很快，左大臣正赖的府邸门可罗雀，与之相反，右大臣兼雅及其子仲忠大将的宅邸则天天车水马龙。正赖一心想着等梨壶的皇子一立为太子，自己便即刻剃发出家，入山修行，于是派人去寻找合适的山寺、准备僧衣等。

立太子当日，气氛异常紧张。正赖一大早就说"我什么都不想听"，关在卧室里不肯出来。正赖之妻藤壶的母亲大公主也觉得心头烦躁，进入卧室。儿子们束手无策，唯有立于门口两旁，悲伤叹息。因为要宣布立太子的决定，天皇下令让左大臣正赖入朝，卧室中的正赖却声息皆无，不做答复。不得已，天皇写了一封关于立太子的诏书，交给太政大臣忠雅。其后种种故事，此处略过。总而言之，最后，太政大臣把立太子的结果以书信的形式通知正赖。家人要把书信拿给正赖看，打开卧室门，发现正赖从头到脚蒙着被子，躺在那里。这个左大臣，真是让人无语。

天皇的决定是立"藤壶之皇子"为太子。正赖闻听，霍地站起身来，问道："告诉藤壶了吗？"藤壶听闻结果，莞尔一笑，言道："我自相信天皇不会食言，只是世间那些讨厌的流言蜚语令人不安"，比起她父亲显得从容许多。总之，"政治斗争"到此鸣金收兵，尽管这不过是一场没有"争斗"的政治斗争。

争斗与对话

看到这场"政斗"剧，从现代的感觉来说，许多人会觉得不可思议。如前所述，在这个重大事件中，正赖与他的女婿们全无交流。正赖认为女婿们十分冷淡，而女婿们只是在心中疑惑："我们与此事毫无干系，却不知正赖（岳父）会怎么想？"他们之间没有直接的交流。

说到直接交流，其实藤壶即便退居娘家，也还是可以给天皇写封书信，问一问"立太子之事，不知陛下作何考虑？"之类，甚或进一步要求"望陛下信守约定，立臣妾之子为太子"，可她为什么不这么做呢？

更有意思的是，皇后是唯一一个强行又直接地要贯彻自我意志的人，她的策略之一，就是将自己的皇女许配给太政大臣忠雅为妻。可是，忠雅已经结婚，他的夫人是正赖的女儿六君。换句话说，忠雅因为姻亲关系，与正赖一方亲近，皇后想通过再给他一个具有无限魅力的女性（皇后认为如此）将忠雅拉拢过来。当时是一夫多妻制，这种想法不难实现。

当藤壶成为女御之后，她的姐妹们齐聚在藤壶所在的正赖府邸表示祝贺。这时候，皇后把太政大臣忠雅叫去，命他陪在自己女儿身边不许离开。六君听到传闻，十分震惊。六君觉得"公主那般美丽，在她身边待久了，忠雅肯定看都不想看我一眼了"，因此不胜悲痛，滞留正赖府中，日夜以泪洗面。

忠雅不明就里，屡次派人来接，正妻六君执意不肯回转，他只好亲自登门来请。此时，六君并未直接提出自己的疑问，这一点也颇具特色。她只是说："众姐妹齐聚，十分杂乱，无可见面之所。"忠雅知道她在婉拒自己，却也无计可施。总之，忠雅想与六君见面，六君却不肯相见。直到藤壶所生皇子被立为太子之后，六君才最终对忠雅冰释前嫌，与他和解。如果当时六君在听到传闻便询问丈夫忠雅的话，问题立刻就会解决，可是她甚至连面对面的谈话都避之不及，事情因此才变得错综复杂。这就是前文所说的，从现代的感觉来看令人觉得怪异的地方。

关于夫妻间的对话，还有一处值得注意，就是仲忠与其妻长公主的对话。讨论这场对话之前，有必要先介绍一下两人的关系。

仲忠可看作《宇津保物语》的男主人公，风流倜傥，深受包括天皇在内的众人的尊敬。他视贵宫为意中人，贵宫似乎也有迎合之意。贵宫收到无数恋慕者的情书，从不回信，近乎无情，却唯独为仲忠回书。

但是，她的父母期望女儿能够成为太子妃（或许还能成为天皇的女御），而且太子也对她有意，于是贵宫入宫服侍太子。仲忠十分悲痛，天皇下诏，赐仁寿殿女御所生长公主与他成婚。仲忠开始时只是敷衍了事，及至后来，长公主生下美丽可爱的女儿犬宫，仲忠才真正对长公主产生感情。不过，仲忠与贵宫心中依然深藏着对彼此的倾慕之情。

因为这段隐情，仲忠在政治斗争中的立场非常微妙。如果站在家族利益的角度，他应当支持梨壶一方（梨壶是他同父异母的妹妹）。也正因如此，皇后在筹划立太子之事时，才会宣他与父亲兼雅一起入宫觐见。但他却对皇后说贵宫是个聪明人，令皇后十分不快。或许在他心中，比起家族的利益，贵宫的幸福更加重要。

现在我们来看一下仲忠与长公主的对话，此段对话见于《让国》下卷。仲忠对长公主表明自己与传言之事毫无干系，说最近一直不曾踏进父亲的府邸。长公主态度强硬，回答说"无风不起浪"，不曾与父亲直接会面，并不能证明没有参与政治阴谋。仲忠探询道："那你说我们都做了什么？"长公主答道："你这是明知故问。"她说太政大臣与皇后在密谋立太子之事。仲忠眼看无力说服长公主相信自己，便转移了话题。

与忠雅不同，仲忠直接向对方说明情况，却不为对方所接受，原因何在？为什么长公主不相信丈夫的话呢？大概长公主真正要表达的意思是，"你并没有把我当成最爱的人吧"，背后隐含的意思是，"你最爱的人不是我，而是另有其人（贵宫）吧"。所以，在这段对话里，真正的意思也是被间接地表达出来的。

日本人的美意识

写到这里，我发现关于《宇津保物语》中的对话，从现代的感觉来说也并非不可理喻。仲忠与长公主之间的这种夫妻对话，在如今的家庭生活中比比皆是。有什么话不直说，而是绕着圈子地想让对方自己领悟，或者当有人发怒的时候，旁边的人就会琢磨"他到底想表达什么"。这样的对话不仅仅限于夫妻之间，在当今日本的各种会议上也很常见。如此看来，对贵宫与天皇、六君与忠雅之间的不交流并不能一笑了之，这不正是日本人根深蒂固的表达方式吗？

之所以产生这种现象，是因为存在一种可以称为"日本人的美意识"的倾向。这种美意识包括两个方面：一是尽量避免直接的争斗，二是灭亡美学。其中第二点，可见于政治斗争中正赖与贵宫的表现。他们不去努力获胜，而是尽力避免失败后遭人嘲笑，忙于准备出家。与之形成对照的是皇后，她为了取得胜利极尽所能。物语中对她的描写，甚至令人感觉是为了把她塑造成"恶人"而故意夸张。这个故事以遵循灭亡美学的一方为"正方"，并让他们最终取得胜利。

补充一点，尽量避免争斗并不意味着不争斗。努力去避免，真到了"是可忍，孰不可忍"的地步的话，其情形反而加倍激烈。这一点，看看现代日本人的行为模式或者日本的历史就会明白。忍无可忍的时候，无人可以坚守这一美意识。当然，这是日本人的一般倾向，与平安物语无关。

以上探讨的都是间接性对话。《宇津保物语》中也有非常直接的夫妻对话，以下稍作介绍。这段对话见于物语末尾的《楼上》上卷，仲忠打算把母亲传授给他的琴艺教给女儿犬宫，为此在京城边上新建房舍。他对妻子长公主说，教琴期间，他会和犬宫一起住在新建的房子里，不能与长公主见面。他把自己的想法表达得很干脆。长公主也明确地说，她对此无法忍受。于是仲忠劝长公主无须担心，他会时常于晚间前来与她见面。长公主却说，见不见仲忠无关紧要，她想见到的是犬宫。这话说得真是太直接了。仲忠无意争论，说如果不能全神贯注则无法学琴，长公主若不同意，自己也无计可施，只能以后什么都不教犬宫了。长公主虽一向强硬，事到如今也只能依言行事。

除了皇后，其他人都遵循日本式的美意识，使用极其间接的方式，以无言来表达自己的意志，或者以灭亡为前提采取行动。以上这段对话却打破了这一程式，尤其是被作为理想男性来描绘的仲忠，竟会说出上面那些话，非常值得玩味。

这大概是因为琴艺的传承与升官晋爵、家族利益不是同一个层次，它超越了个人得失。关于音乐的话题后当别论，总之，俊荫—俊荫之女（仲忠之母）—仲忠这一琴艺传承的谱系，与天皇的传承谱系具有同等重要的意义。仲忠基于这一认识，才对妻子直言相告，并未违反日本式美意识的原则。

自然而然的解决方式

政治斗争借由天皇的决定得以平息，这场政治争端之所以没有变成激烈的"斗争"，原因之一是皇后的兄长兼雅不支持皇后的想法。如果说他的儿子仲忠因为倾慕贵宫而按兵不动，那么兼雅为了梨壶而积极争取却是情有可原。可是他想，一旦梨壶之子成为太子，"对我们来说自然是好事，可世间就乱套了"，因此他始终一贯地支持藤壶。也就是说，他超越了个人利益，选择顺应世事整体的趋势。笔者认为，正是对这种态度的强调，使得王朝文学中不会产生激烈到杀人的斗争。

在回避斗争这一点上，《落洼物语》中有一段令人印象深刻的描述。物语的女主人公名叫落洼君，在家里受到继母的虐待。具体情节容后介绍，这里先来看其中的一段插曲。

落洼君虽然不受继母待见，却仍有爱慕她的贵公子悄悄来访。按照故事发展的必然程式，这个秘密被继母发现。继母怒火中烧，将落洼君与侍女一起关进仓房。继母又把自己的远亲典药助叫来，告诉这个老头：里面的姑娘随你处置。典药助喜不自禁，夜深后直奔仓房而去。

古今东西的物语中，不知有多少类似的场面：美丽柔弱的女子即将落入虎口。如何解此千钧一发之急，却是每个故事各有高招。

如果放在典型的西部剧里，剧情一定是这样的：美女遭到野蛮男子的袭击，她的男朋友挺身而出，一场恶战之后取得胜利。在故事中，问题的解决离不开战斗，其中包含着"正义者必胜"的人生观。这种古老的物语模式，依然支配着许多当代美国人的精神世界。把这句话稍作变化，说成"胜者必正义"，有时也行得通。世界上还有另外一种物语，它不是依靠武力争斗解决危机，而是通过主人公或者故事配角的智慧，以智力比拼取得胜利，从而化解危机，这也可看作一种斗争的形式。

然而，日本的《落洼物语》解决危机的方法独树一帜，不同于上述两种情况的任何一种。典药助深夜跑来仓房，里面的姑娘用木棒奋力撑住房门。老头入室心切，想找个别的地方进去，在房子周围绕来绕去。冬夜寒气入骨，老头腹部着凉闹肚子，竟然大便失禁，于是慌慌忙忙跑去洗内裤。就这样吭哧吭哧忙活了半天，天色渐亮。最后，老头空手而归。

这里既没有用到武力也没有用到智力，没有发生争斗，而是通过一种自然现象使问题得以解决。物语中有许多详细的描写，比如老头肚子发出"咕噜咕噜"的声音等，读来令人忍俊不禁。这种解决危机的方式非常独特，恐怕在世界上的其他物语中难得一见。自然的能力远远超过人类的谋划。

据此我认为，与其说《宇津保物语》主题杂乱分散，缺乏整体性和一贯性，倒不如说它从头至尾一以贯之地描述了超越人类谋划的自然力量的推动。从其首尾来看，物语以音乐开始，又以音乐结束，但这不是单纯的音乐技法的传承，声音的流动是人类世界流变的基本形式，在这里被用作一种象征。

仲忠与贵宫的美好恋情在这滔滔不绝的自然流变中被描述出来，然而这恋情不过是存在于人类之间的个人意志，绝不可能逆大势而获成功。人类所能做的，充其量仅仅是把这不成功的遗憾写成一个凄美的故事而已。我想，这就是《宇津保物语》要表达的意思。

第四章
不可思议的声音

声音与气味

人类被称为视觉动物,可见视觉对人类何等重要。五种感觉中最重要的是视觉,听觉、嗅觉、味觉次之,触觉退化得最为严重。

王朝物语描绘了大量俊男靓女,值得注意的是,物语在形容他们的美时使用了"にほひ"这个词。有个形容词叫"にほひやか",另外,在我小的时候,还常用"にほやか"这个词,现在的年轻人大概没有几个知道它是用来形容女性美丽的词了,也或许没有几个姑娘能称得上"にほひやか"了。"にほひ"原意是指红色(丹)等鲜艳的颜色光彩夺目的样子,后来转而表示嗅觉感受到的"气味"。总之,一个形容美丽的形容词竟然与嗅觉相关,这个现象值得深究。

朱捷是从事日本文学研究的中国籍学者,对此她有以下见解(朱捷:《从"にほひ"看日本人的嗅觉》,国际日本文化研究中心纪要《日本研究》第十五集,1996年)。《源氏物语》(《若菜下》卷)中,源氏品评身边的女子们,他说三公主是"にほひやかなる方は後れて"（此人缺乏艳丽之相，只觉高贵秀美），明石女御"いますこしにほひ加はりて"（艳丽之相较多），紫夫人"にほひ満ちたる心地して"（但觉全身十分匀称美满）[①]，屡次用到"にほひ"。在《源氏物语》的中译本（丰子恺译）中，此处的"にほひ"译作"艳丽""美丽"，这是因为中文不存在与嗅觉相关的对美的形容词。但中文形容女性之美时，会使用表达听觉的"韵"字，如"天姿风韵"一词，表示女性的美丽姿态（天姿）与其散发出的气质（风韵）同等重要。"にほひ"一词亦如此，比起美丽的姿态，更多地表达的是其传递出的感觉。

据朱捷考证，日本汉字"匂"，是从中文"韵"（"韻"的别体）字的右半部分创造出来的。对于那些无法明确捕捉到的、存在于事物内部的东西的模糊体现，无论中国还是日本都不是通过视觉，而是通过听觉与嗅觉来表达。也就是说，"にほひ"并非直指嗅觉，这个词描述的不是具体的容颜或身材，而是其散发出的气质所体现的不可捉摸、无法具体描绘的美。

由视觉所把握的现象比较容易语言化，而嗅觉与听觉（声音）则比较困难。它们稍纵即逝，以至令人怀疑它们是否真正存在过。或许正是因为具有这样的特点，"にほひ""韻"才会被用来形容女性之美。

首先看一下王朝物语中的男女相会。异性初会均在一片黑暗中进行，视觉毫无用处，男女双方只能凭借听觉、嗅觉、触觉来了解对方。但是物语中却鲜有关于嗅觉、触觉的记述，对于触觉，大概是因为觉得过于露骨而特意避免。而有关嗅觉的例子亦为数不多，"にほひ"当可算作一个非常重要的表达形式，但出现的次数仍然

[①] 此三句译文据丰子恺译《源氏物语》中第三十四回（下）《新菜续》。

十分有限。

其次,物语对于日常生活的描述呈现出同样的特点。《源氏物语》中,"匂皇子"出场后高谈阔论"にほひ"的场面,毋宁说是个例外。相较而言,声音在王朝物语中发挥着更加重要的作用。

譬如《源氏物语》中的《夕颜》一卷,源氏留宿夕颜宅邸,其中有如下一段描写。此日为八月十五,俗套所谓"皓月当空"之夜。其时曙色渐显,传来邻家说话的声音。通过这段描写,可以了解夕颜的生活状况。引用原文如下:

> 那舂米的碓臼,砰砰之声比雷霆更响,地面为之震动,仿佛就在枕边。源氏公子心想:"唉,真嘈杂!"但他不懂得这是什么声音,只觉得奇怪与不快。此处骚乱之声甚多。那捣衣的砧声,从各方面传来,忽重忽轻。其中夹着各处飞来的寒雁的叫声,哀愁之气,令人难堪。源氏公子所住的地方,是靠边一个房间。他亲自开门,和夕颜一同出去观赏外面的景色。这狭小的庭院里,种着几竿萧疏的淡竹,花木上的露珠同宫中的一样,映着晓月,闪闪发光。秋虫唧唧,到处乱鸣。源氏公子在宫中时,屋宇宽广,即使是壁间蟋蟀之声,听来也很远。现在这些虫声像从耳边响出,他觉得有异样之感。①
>
> (日语原文据《源氏物语》一,日本古典文学大系14,岩波书店,1985年)

以上短短一段引文中,出现了各种各样的声音:舂米声、砧衣声、雁叫声、虫鸣声以及壁间蟋蟀之声等。再加上前面提到的邻人

---

① 此处引文的中译本据丰子恺译《源氏物语》中《夕颜》卷,网络版。

说话之声，源氏的耳朵里充斥着各种杂乱的声音。而舂米的声音，或许是源氏初次听闻。既优雅又给人虚幻之感的夕颜与源氏同处在这繁杂声音构成的背景之中。

它似乎预示着夕颜是一位与异界相关联的女性，预示着她将要被物怪①夺去性命。源氏看到夕颜的样子，觉得十分柔弱可爱，心想她若是再顽强一点多好。可是他的听觉却通过捕捉环绕着夕颜的种种声音，潜意识里感受到夕颜不可名状的生命存在方式。物语表现了声音所具有的不可思议的力量。

《宇津保物语》与古琴

如上所述，声音在王朝物语中具有重要意义。而音乐的作用也非常重要，物语中描绘了许多乐器以及演奏乐器的场面，既有古琴、筝（筝琴）、和琴、琵琶等弦乐器，也有横笛、高丽笛、笙（笙笛）、筚篥、皮笛、草笛等管乐器，还有打击乐器。既有独奏，亦有合奏。不知今日尚能复现几多当年盛况，看物语中的描写，其情其景，令人目不暇接，感叹不已。

若要探索音乐在王朝物语中的意义，《宇津保物语》必不可少，其中《让国》的部分在前文已经探讨过。总而言之，古琴是我们研究《宇津保物语》时不能忽略的东西。物语开头《俊荫》一卷与结尾的《楼上》上、下卷，讲的都是有关古琴的故事。不过要把它称为首尾一贯的古琴物语，或许有人难以接受。毕竟，物语也详细描述了围绕美女贵宫的爱情纠葛，还有其后的《让国》，都是十分有趣的故事。因此，对《宇津保物语》主题的探讨自古持续至今。我

---

① 参见第27页注释①。

看到的最新研究成果是江户英雄的《恩爱与异乡:〈宇津保物语〉的主题》(《国文学研究资料馆纪要》,1997年),可见当今的学者仍在关注这个问题。

关于《宇津保物语》的主题,有各种不同的见解,其中河野多麻强烈主张,《宇津保物语》就是一部琴物语。众所周知,河野多麻是岩波"日本古典文学大系"《宇津保物语》的校注、解说者,发表过论文《宇津保物语的琴》(《御茶水女子大学人文科学纪要》,1956年)。在那篇论文中,她明确提出:"《宇津保物语》以古琴音乐为主题,全书自始至终表现了对琴的尊重与赞美,爱情故事仅居次要地位。"其后有关《宇津保物语》的琴的研究,尚见于三苫浩辅:《琴的物语:〈宇津保物语〉序说(上、下)》(《国学院杂志》第63卷5号、6号,1962年),野口元夫:《〈宇津保物语〉的研究》(笠间书院,1976年)的第5章《〈宇津保物语〉的音乐》,都是论述详尽的优秀研究成果,令笔者觉得自己有画蛇添足之嫌,不过笔者与他们的角度不同。本文中,笔者将在参考上述研究的基础上展开论述。

首先看《俊荫》卷。野口指出:"此卷原本是独立存在的作品。"的确,与其后各卷的故事相比,其现实度存在天壤之别,如同"童话故事"一般者唯有此卷。它讲的是俊荫这个现实人物的流浪故事,而他的经历却是完全非现实的。俊荫作为遣唐使踏上旅程,途中船只遇难,漂流至"波斯国"。故事没有描述"波斯国"是什么样子的,而是描写他在此处遇到了超现实的人物,包括佛陀与文殊菩萨,说明他完全身处异界。前面提到的江户英雄的研究也强调了波斯国的异界性(异乡)。

当俊荫漂流到陌生的国度,内心充满不安与悲伤,全神贯注地念诵观音本誓之时,突然出现一匹带鞍的白马。他骑上马来到旃檀之林,见到三位弹琴男子,于是跟随他们习琴。换句话说,俊荫是在无法解释的异界中学的琴。而且事情远不止此，之后俊荫不断地进入更深层的异界。

俊荫在远处飘来的"声音"的引导下，来到正在砍大梧桐树的阿修罗处。在这里，异界的水平更高一层，有童子从天而降，带来指令，俊荫因此得到了用阿修罗砍下的三分之一桐树做成的30把琴。这一段中，数字"三"是一个重要元素。三个男子、持续三年砍树的声音、俊荫与阿修罗见面之前经历了三年的光阴、桐树被分为三段、三十把琴等。三年中，只要俊荫一弹琴，就会有七位天女出现。从此处开始，重要数字由三变为七，相关内容不及详述，简而言之，譬如俊荫拜访七位山林主人、连续弹琴七日七夜等。

对于数字的象征意义，学者们各执己见。笔者虽不能断言，却认为三代表充满活力的前进过程，而七代表具有某种完整性，同时又充满不可思议性的东西。七大奇事的概念，广泛存在于世界各地。这或许与数质数时会在1、3、5、7之后略作停顿，然后再数到11有关。

就这样，俊荫带着琴与高超的琴技回到日本，即带着异界体验回归"此世"。这是在神话与民间传说中常见的一种模式，它试图表现那些不同意义上经历了"非此世"体验的人以何种形式将其体验带到这个世界。异界体验与现实世界层次不同，要把它传达给他人相当困难，甚至是危险的。比如浦岛太郎就是一个例子，他未能将难得的异界体验成功地带回人世。而《竹取物语》讲的则是来自异界的赫夜姬回归异界的故事，对于她的离开，此世之人无力阻拦。

俊荫在"波斯国"见到佛陀、文殊菩萨等，绝对是一场异界之旅。他带回国的"琴"及其演奏技艺，即"声音"的世界，具有高度的象征意义。如前节所述，声音虽然用眼睛看不到、用手摸不着，却是实实在在可以感受到的东西。如果把本物语看作对人类精神世界的把握的话,"声音"的确是灵魂通往意识的非常恰切的媒介。

人类要确认自身是真实的存在,必须与灵魂相连接。如果连接受阻,即便有钱有势,也会产生来自精神深处的不安。王权亦如此,它必须由天皇的血统来继承和建立,这一点非常重要。另一方面,要确保王权坚固,与"异界"相通则是必要条件。因此,由具备这种通灵能力的人来继承王权同样重要。俊荫一族便是通灵重任的担当者,基于在异界的体验,他清楚地意识到这一点。所以,他首先要做的便是"辞去所有官职",因为回国后马上涉足王权系统过于危险。关于俊荫的音乐是如何传承下去的,我们在下一节中继续讨论。

音乐的传承

俊荫婚后得一女。如前所述,俊荫辞去一切官职。辞官之前有一段描述,刻画了俊荫的琴在皇宫所发挥的威力。俊荫取下势多风(琴上铭文)琴,开始弹奏大曲,旋见大殿瓦碎,六月飘雪,可谓神力通天。于是,天皇请俊荫教授太子弹琴。俊荫力辞不受,且请辞所有官职。理由如上所述。

俊荫把琴艺教给自己的女儿。小姑娘15岁时,母亲去世,随后俊荫也命归黄泉。俊荫死前告诉女儿,他把南风与波斯风两琴藏于洞中,不到万不得已,切不可弹奏此二琴。姑娘生活困窘,一名贵公子突然出现,与她结一夜姻缘。姑娘怀孕,生一男孩。他们母子生活极度穷困,最后只能容身于深山高大杉树的树"洞"①之中。

---

① 洞,在古日语中为うつほ,汉字写作"宇津保",这也是《宇津保物语》名称的来历。

如果俊荫的异界体验立刻与此世的王权系统相结合，那是很危险的。俊荫之女作为他的继承者，虽然没有必要再去一趟"波斯国"，但是至少也要远离日常世界，隔绝一段时间，这便是她的树"洞"体验。通过这段经历，她的琴技磨炼得更加纯熟，并把它传授给自己的儿子。在这里，我们可以看到清晰的血缘传承路径：（外）祖父—母亲—儿子。

这种传承方式可以说是日本的一大特点（虽非日本独有），它既不属于父系制，也不属于母系制，而是沿着（外）祖父—母亲—儿子的路径实现。关于这个三元结构的重要性，我们之前曾屡次提及，此处恕不赘言。从根本上来说，就是在母亲—儿子这一重要组合中，为了与其中处于优势地位的母性相抗衡，通过（外）祖父的形象加入重视血缘关系的父性因素。也就是说，《宇津保物语》的主人公虽是仲忠，但在仲忠母子关系的背后，尚有极具精神性意义的（外）祖父俊荫存在。他们母子在经历了树"洞"体验之后，回到此世。仲忠在此世逐步迈向成功，但他的真正任务，却是传承极其异质与超越此世的俊荫之谱系。

如果以仲忠为起点，琴的传承也必然遵循父亲—女儿—（外）孙子的模式。因此，仲忠在他的子女中，只对女儿犬宫特别重视，而对儿子毫不关心。《楼上》上卷中记述，仲忠的儿子称祖父兼雅为父上，却称呼仲忠为大将，完全像外人一样。总之，对仲忠来说，女儿最重要。

从这一点切入便可明白仲忠与贵宫的无果之恋到底意味着什么。对仲忠来说，最重要的事情莫过于琴的传承，无论"此世"的事情有多重要，相对而言，也只能屈居次要位置。贵宫虽然也有闭月羞花之貌，但与赫夜姬不同的是，她是"此世"之人。贵宫干脆利索地嫁给了太子，令人觉得有些遗憾。不过话说回来，尽管她对仲忠抱有好感，却是命中注定，必将成为"此世"王权继承的参与者。

追求贵宫的男性数量众多，她对他们冷漠无情，近乎残酷，可唯独给仲忠写了回信（《节庆使》）。她明明很想与仲忠结成百年之好，却遵从命运的安排嫁给了太子。仲忠在京城边缘修建房屋，教授犬宫琴技，定于8月15日初试琴音。贵宫（藤壶女御）得知，想去聆听演奏。她对父亲左大臣正赖明言，自己本来很想成为仲忠的夫人，都是因为正赖的策划，令她强行入宫。她说，能够按照自己的意愿，想看什么就看什么，想听什么就听什么，才是人世间真正的幸福。

大概仲忠也想说，能跟自己喜欢的人结婚才是人世间真正的幸福吧。仲忠和贵宫在别人眼中堪称此世幸福的代表，却都不曾得到真正的幸福。这是诸多王朝物语的一个重要主题。仲忠与贵宫各有其必须遵从的命运，而他们的个人意志在命运面前显得苍白无力。仲忠之所以在"让国"时表现不积极，也是因为除了琴的传承这件重大事情，没有其他任何事情值得他全力以赴。或许有人认为，仲忠在别的事情上行动积极，也很有实力，却不肯为自己家族的事情付出努力，乃是源于对贵宫的爱，是为了她的幸福宁愿有所牺牲。但是从物语的主题来考虑，笔者认为还是上述拙见较为妥当。

琴技传授圆满完成之后，仲忠举行了盛大的汇报演出，这是物语的最后一幕。在此之前，仲忠一直不肯在人前演奏，即便是帝王的要求，他也会找借口拒绝。这是因为他清楚地意识到，自己琴技的重要程度并不亚于王权。仲忠不肯应帝王的要求弹琴，却在女儿出生时，欣然弹起琴来。他怀抱刚刚出生的婴儿，取龙阁风一琴，弹奏《宝生》之曲，想必心中极为欢喜。

人们急于聆听仲忠及其女儿的演奏，匆匆忙忙赶来，场面十分有趣。尤其是古琴达人凉中纳言，手里拿着衣服、袍子敞着怀就慌忙跑来，被人传为笑谈。凉中纳言大概是不想错过一丝一毫。随着仲忠的弹奏，天空起了奇妙的变化。这时，仲忠要女儿为母亲弹奏一曲。犬宫弹奏了一首抚慰心灵、令人忘忧的曲子。仲忠的妻子长公主本来产后卧床，听了曲子神清气爽，竟能从床上起身。总之，琴声非常神奇。

说到琴的神奇，此前还有一段描写更加令人印象深刻，就是仲忠与凉中纳言竞技的场面。其时，风云巨变，星月移转，天降冰雹，雷鸣电闪。最后，一名天女忽然降临，翩然起舞。仲忠和着琴声吟诵道：

"拂晓微光影朦胧，仙人美貌意无穷，盼留此世中。"

天女听闻，加舞一曲，随后飞天而去（《吹上》下卷）。俊荫在"波斯国"学琴的时候，曾有预言说七位山主人中的一人将会托生为他的孙子。仲忠的演奏让人不禁想起此事，显示出他与上天有着紧密的联系，他的音乐具有连接天地的功能。

还有一处描述，说的是天皇命令仲忠弹琴，结果仲忠四处躲藏（《初秋》）。天皇无奈之下，令仲忠之母抚琴。自从出了深山的大树"洞"，她不曾触琴，但是帝命难违，只得从命。天皇深为琴声感动，赐仲忠之母为尚侍。还说：如果时光倒流，或许你会成为一国之母，生下像仲忠这样的皇子。意思是说，她会成为皇后，而她的儿子将会成为下一代天皇。若如此，就会形成俊荫—皇后（仲忠之母）—帝王（仲忠）的王权三元结构。也就是说，尚侍本人虽然身处古琴传承的谱系，但实际上，她也具备进入王权传承谱系的素质。

音乐与异界

俊荫在学琴之前，先漂流到一个叫作"波斯国"的地方，也不知道这个地方到底是在哪里。从之后的发展历程看，他的经历非常契合"异界"体验。他在那里习得的琴技，令各种奇异之事屡次发生。

三苫浩辅在前述《琴的物语：〈宇津保物语〉序说》一文中，通过研究《古事记》中大国主命、神功皇后等人的故事，详细论述了古琴在我国一直以来都被奉若神明。在此基础上，他把"宇津保"解释为为了扩大音量而在琴板背面开的孔，即将琴与"宇津保"①联系起来，颇具新意。由此可见，琴在《宇津保物语》中具有多么重要的地位。

此世依存于异界，人们心灵依存于灵魂，异界与灵魂是平行的。必须与灵魂相连接，人们才能真正获得心灵的安宁。灵魂的作用很难用心灵去推断，"声音"尤其是"音乐"则是将其传送至心灵的绝好媒介。有时，我们不知道这些声音或音乐来自何处；有时，它们越过或者穿透某种边界而来。它们将灵魂与灵魂连接起来。

以不可思议的音乐为重大主题的物语作品还有《夜半醒来》（也叫《夜醒物语》）②，只是这个物语中的乐器不是琴而是琵琶。物语的女主人公中君（夜醒夫人）13岁那年，在8月15日——又是八

---

① "宇津保"，"うつほ"的汉字写法，每个汉字对应一个假名，只表音不表意。"うつほ"的意思是空洞、孔穴。
② 原文为《夜の寝觉》(《寝覚物語》)。

月十五——梦见有人教她弹奏琵琶,这人的长相很像中国画中的人物。这次梦中学艺,令中君弹奏琵琶的水平大幅提高。在她14岁那年的8月15日,此人重现梦中,继续教她琵琶。这一次,仙人告诉她"命中注定有忧心烦乱之事"。

显然,女主人公中君是与异界相通的人物,她屡次遭遇此世罕见之事。详情另稿再论,简而言之,包括天皇在内,众多男性为中君的魅力所倾倒。不过,诚如天人所言,中君命运多舛。换句话说,这个预言给她带来了悲惨的命运。但是最后,她的儿子当了天皇,从社会地位来说,她最终达到了作为女性能够到达的最高位置。她跟随仙人学习音乐之道,说明她本是灵魂世界的中心人物,然而她没能贯彻自己的立场,而是被世俗王权所吸引,所以导致一系列悲剧的发生。实际上,在《夜醒物语》中没有涉及琵琶传承的问题,大概是因为这一时代已与《宇津保物语》的时代不同,世人所关心的只有王权传承。

《宇津保物语》平行叙述了俗世王权的传承与音乐"王权"的传承两件事情,因为这两件事在物语中不分主次,使得作品备受非议,比如认为它主题混乱、故事缺乏统一性等。由以上分析可以看到,事实绝非如此,对这两条线的平行叙述实属必要。

如前所述,仲忠决定教授女儿犬宫弹琴技艺的时候,面对妻子长公主时态度十分明确。他一贯不喜争斗,特别是在"让国"一事上表现得优柔寡断。但在琴的问题上,即便在妻子面前,态度也极为坚决。他不顾妻子长公主的反对,坚定地告诉她,他会教授犬宫弹琴而不会教给她;在教琴的这一年之中,长公主不可与犬宫见面。长公主不肯让步,最后,仲忠放言:长公主若不肯对犬宫放手,自己就不再教给犬宫任何东西。

作为突显仲忠这一强硬态度的伏线,《让国》下卷中描写了当长公主辛苦生产时，仲忠对妻子的一片深情。仲忠甚至说，如果长公主死了，自己也会投河自杀。当时，他请求父亲兼雅在他死后好好抚养犬宫，大概是因为那时候，他已经感受到犬宫具备传承琴艺的能力。后来长公主平安生产，仲忠去拜见长公主的父亲朱雀上皇。连朱雀上皇都觉得十分迷惑：如此堂堂男子汉，怎么会在妻子生产时哭得不成样子？仲忠对妻子的爱其实非常深沉，如果不清楚这一事实，那么在有关琴的传承上，他对长公主严厉而坚决的态度所代表的意义就无法浮现出来。在这一点上，物语的结构呼应得十分巧妙。

琴的传承必须在远离世俗世界的安静之处集中阐释，于是，仲忠在外祖父俊荫位于京极①的宅子里重建新屋。仲忠的母亲尚侍也很高兴，赞成他将地点定在京极。当仲忠担心不知父亲兼雅会怎么想时，尚侍明确地告诉他："这种事你不必在意"，她说她会搬去京极，为父亲（俊荫）举行法事。这段对话明确显示了上述（外）祖父—母亲—儿子这个三元结构的强大力量。根据物语的描述可以了解，无论尚侍还是仲忠，平时为人都是既谦和而又善解人意，但只要遇到与琴有关的事情，即便是尚侍的丈夫兼雅、仲忠的妻子长公主，也完全被他们抛在了脑后，令人感受到他们两人身上那种超越一般意志，更高层次的意志的威力。

琴的传承在"楼上"进行，一度处于"洞穴"世界的琴，现在被移入强调与天界的关系的空间，这正是"异界"的特点。在异界中，地下特性与天上特性同时并存，只是根据其时其境不同，所彰显的侧面不同。我们也可以称之为破坏与建设，例如琴声既能令听者心情愉悦，也可以致使大地摇晃、电闪雷鸣。

---

① 京极，意即京城边缘。

这场楼上的演奏，不仅嵯峨上皇与朱雀上皇移驾来听，就连深宫里的天皇也奇迹般地听到了琴声，可见他们的演奏何等高妙。具体情形请参照原文，这里我们只讲一件事。尚侍、仲忠与犬宫一起弹琴，向犬宫传授技艺，忽然有一天，俊荫出现在尚侍梦中，对她夸赞仲忠琴技了得，这意味着俊荫会确保琴的传承顺利完成。

这段故事的最后，公卿贵族们对仲忠赞美有加，相互议论着：今后，仲忠当会一如既往地珍爱尚侍与犬宫吧。与西方故事中常见的结尾——"王子和公主结了婚，从此过上了幸福的生活"——加以对比，本物语的意义便显而易见。我们很难简单地断言仲忠是一个幸福的主人公，毕竟他与贵宫相爱无果，而妻子长公主也对他缺少温情。但是，尽管他在个人情感方面有所欠缺，但在王权传承（贵宫所在的这条线）及琴的传承（仲忠这条线）方面却有始有终。这两条线对于人们来说，都是不可思议的物（灵魂）的显现。王权体现了较强的世俗性，琴作为王权的隐形支撑，更接近于灵魂这条线。《宇津保物语》这个"物之语"，到此落下帷幕。我认为它的主题并不杂乱，而是始终以"物"为主题，描绘了"物"是怎样显现于此世的。

只是有一件事情令人费解，那就是行文中时常给人的一种暗示：犬宫将会嫁给下一代太子。如果这件事成为事实，犬宫将坐上皇后的宝座，她的儿子会成为未来的天皇。这样的结果意味着什么？如果以仲忠为原点来看，它意味着是天皇也即犬宫的儿子继承了古琴。也就是说，结果变成犬宫的儿子本身既是世俗性的王权的继承者，同时也是灵性的古琴的继承者，两者集于一身。而无论在哪一条线上，仲忠都将成为拥有绝对性地位的人。[①] 对此我们应该

[①] 在琴的传承这条线上，仲忠是首位获得仙人传授的人；在王权这条线上，仲忠因此成为天皇的外祖父。前文提到过，在王朝物语的时代，天皇没有实权，权力掌握在他的外祖父手里。所以，仲忠在这两个方面的地位都达到了极致。

作何理解呢？或许它是想让读者认识到仲忠才是《宇津保物语》的主角，并预告他最终会获得绝对地位；另一方面，它让读者在故事结束时仍有所期待，盼望一个可以实现他们预期的新故事的出现。也或者是因为作者觉得若以此为结局未免过于完美，想到巅峰过后必然是衰退，则没有必要继续写下去。真相究竟如何，我们不得而知。总之，作者留下上述一些设想或悬疑，决定就此将物语收尾。我认为，物语现有的结尾非常精彩。

第五章
继子的幸福

《落洼物语》

  我们在前文《消逝之美》中,讨论了拒绝婚姻(或者是结婚之后)翩然离去的美女意象在日本物语中所具有的重要意义(第二章),其典型形象是《竹取物语》中的赫夜姬。同时,日本物语中也有成就了"幸福婚姻"的女性,其典型形象来自《落洼物语》。物语的女主人公落洼君,与一位堪称完美的男性结婚,家族繁盛,极尽荣华富贵。说到荣华富贵,王朝文学中的女性虽然大多在社会地位上能够达到这一点,而在个人感情上却不尽如人意。落洼君则与众不同,即便在爱情方面,她也是人生赢家。

  不仅王朝文学如此,纵观日本文学我们会发现,赫夜姬与落洼君作为两个极端的女性形象,以各种变化存在其中,而后者多见于大众文学。作家小岛政二郎曾说:"我认为《落洼物语》是一部大众小说。"(《吾之古典鉴赏》,筑摩书房,1964年)即使如此,这部作品的价值却远非大众小说可比。

  《落洼物语》的成书时间及作者均不详。关于成书时间有各种说法，一般认为产生于10世纪末，即位于《竹取物语》与《源氏物语》之间。它是最早把"继子①受虐故事"独立出来加以描绘的物语。继子受虐在王朝物语中虽然也是一个重要的主题，但是在《宇津保物语》里，《唯忠》一节只是整部物语的一个小插曲；而以继子受虐为主题的《住吉物语》，现存版本不过是镰仓时代的改编作品。

关于这部作品，日本文学研究专家古桥信孝在与我对谈时，开场便提出："说到底，《落洼物语》的主题应该是成年女性的训诫。"此语令我印象深刻（古桥信孝/河合隼雄的对谈《落洼物语：成为女人的考验》，收入《说说物语》）。古桥信孝接着又说："阅读此物语这一行为本身即是一种成年女性的仪式。"对此观点我完全赞同。它所讲述的不只是一个身为"继子"的女性的独特故事，而是蕴含着与所有女性（乃至所有人）都有关的重要信息。

《落洼物语》的开头部分讲到，中纳言源忠赖的长女和次女均已成婚，分别住在西厢房与东厢房②，三女儿与四女儿不久也要举行着裳的成人仪式。此外，中纳言与一位有皇族血统的女性有来往，他们两人所生的女孩也住在这个宅院里，不幸的是女孩的母亲已经去世。中纳言的正妻对亲生女儿们溺爱有加，对这个继子则冷眼相待，让她住在地板低得像坑③一样的房间里，并对她百般刁难。继母让下人们称继子为落洼君，大家唯命是从。

虽然落洼君长得非常美丽，却没有人怜惜她。落洼君擅长女红，继母便命她为同父异母姐姐们的快婿缝制衣服，把她当下人使唤。

落洼君唯一的侍女也在三小姐结婚后被调配过去，但她仍然一

---

① "继子"的"子"意为"孩子"，并非单指"儿子"。
② 这一时期实行的是走婚制，女性婚后依然住在娘家，男性夜里来宿。
③ 坑，即"落洼"，日语写作"落窪"。因为落洼小姐住的房间地势低洼如坑，故被称作"落洼君"，"君"是敬称。

第五章　继子的幸福

直关照落洼君。这个侍女名叫阿漕，嫁给了带刀，带刀是三小姐的夫婿藏人少将的手下。带刀的母亲是左近卫少将的乳母，她设法将左近卫少将与落洼君撮合在一起，少将与落洼君情投意合。落洼君曾一度生活困窘，缺衣少食，处境凄惨，多亏阿漕从叔母处借来各种东西，假以周全。

落洼君的继母对她各种虐待，让她不停地缝制衣物，并抢走她的贵重物品等。她的恋人少将看在眼里十分生气，却也无可奈何。继母得知落洼君有了恋人，便在丈夫面前说她的坏话，使得落洼君被关进仓房。每到此时，落洼君的父亲总是表现得软弱无力，对继母言听计从。

继母不仅把她关进仓房，还怂恿自己60多岁的叔父典药助对她肆意妄为。老头高高兴兴跑来，想进入仓房。聪明的阿漕把门关得紧紧的，他怎么也进不去。老头被冻得闹起肚子，只能悻悻然作罢。恋人少将见落洼君被关禁闭，非常着急，终于找到一个机会把她救了出来，与她一起住在二条附近的府邸里。阿漕也和带刀一起搬过来，共同侍奉这对小夫妻。

在此之后，故事发生逆转。年轻的少将官位不断高升，最后竟至大权在握，于是他对继母展开各种报复。落洼君的丈夫不仅复仇心切，而且心思缜密，不断想出新的复仇方法并逐一实施。他有权有势，在复仇的过程中呼风唤雨、无所不能。落洼君劝说夫君，继母也是母亲，而且继母的不幸会连带自己的亲生父亲也陷入不幸，希望他停止复仇行动。丈夫不听她的劝阻，不停地惩罚继母，阿漕也一直在旁积极协助。

这一段复仇剧情相当精彩，对读者具有强烈的吸引力，令人不由感叹在这么古老的时代，竟能出现如此奇妙的构思。具体细节烦请阅读物语原作。

复仇结束之后，故事再次180度反转，落洼君的丈夫开始孝养她的双亲（包括继母）。他说其实他早已打算好，先报复他们，之后再赡养他们。他说到做到，孝心可鉴。当他听父亲说"做了这么久的中纳言，这辈子就想成为大纳言"的时候，他说：哪怕把我的大纳言官位让给你，我也愿意帮你实现你的愿望。父亲在无与伦比的幸福感中，怀着对落洼君夫妇的感谢撒手人寰。

故事中对继母的性格描写值得玩味。继子曾被自己虐待，如今自己却受到继子善待，对此她一方面心存感激，另一方面却仍然心怀怨恨。她的这种两价性①情感直到最后依然存在，描写得堪称恰到好处。继母70岁的时候，在落洼君的建议下削发为尼。后来，继母说："继子如此难能可贵，世人不可厌恶继子。"可是她又说："我想吃鱼，可她却让我做了尼姑。不是亲生的孩子就是靠不住啊！"

物语对继母的描写充满现实感，而物语最后的大团圆结局却是超现实的。落洼君的丈夫官居太政大臣，位极人臣，他的女儿入宫成为皇后，整个家族的人全部官运亨通。继子受虐的故事，迎来幸福圆满的结局。不过，最耐人寻味的是结尾最后那句话："昔阿漕者，今为内侍，内侍活至二百"（《落洼物语 堤中纳言物语》，日本古典文学大系13，岩波书店，1957年）。物语结束的时候特别提到阿漕，关于其中的含义，有机会我们另做探讨。

继子谈的各种形式

《落洼物语》是继子谈②的典型作品，类似的继子谈可见于世

---

① 指的是两种相反的情感同时存在。
② 关于继母与继子的故事在日语中称为"继子谈"，本文取原日语所用汉字，不再另作翻译。继子谈中受虐待的"继子"（主人公）大多为女孩。

界各地。笔者的研究对象是日本人，因此首先锁定日本的神话和民间故事。我尤其对民间故事中的继子谈感兴趣，是因为继子谈的结局与一般的民间故事差异很大。正如我们在第二章《消逝之美》中曾经提到的，日本的民间故事中有很多像《黄莺之乡》一样，关于年轻男女相遇相亲（有时甚至已经结婚），到最后却只能各奔东西的故事。继子谈则不同，它们大多以幸福的婚姻生活结束，这在通常以悲剧结尾（与欧洲的民间故事相对照时，此特点更加明显）的日本民间故事中毋宁说是一种例外。而同时，继子谈又是日本民间故事的重要组成部分。关敬吾编纂的《日本民间故事大成》第五卷（角川书店，1978年）中，在继子谈的分类下收录了20个故事。下面简单介绍一下其中《米福粟福》的故事。

　　米福和粟福是一对姐妹，米福是前妻所生，继母对她不好。妹妹粟福跟姐姐很亲近，经常护着她。一天，继母带着粟福去参加节日活动，让米福一个人留下看家。她给米福提出各种几乎不可能完成的任务，米福在过路的和尚以及小麻雀等的帮助下顺利解决了难题。这时，隔壁家的小姑娘约她一起去参加节日活动，可是她没有合适的衣服穿。这时，她想起从前山妖婆婆送给她的宝箱，打开一看，里面有一件十分漂亮的衣服，就穿着去了。粟福发现姐姐来了，继母却因为她穿着华丽没认出她来。米福提前回到家里，换好旧衣服正在干活的时候，继母和粟福回来了。这时，有人来向米福求婚，米福从山妖婆婆送的宝箱里拿出嫁衣，打扮停当，坐上轿子走了。粟福也想坐着轿子嫁人，却没有人来提亲。母亲就让粟福坐在石臼里当作乘轿子，拖着她走。结果石臼翻了，两个人都摔进水田里。她们喊着"好羡慕啊"，咕嘟咕嘟沉到水底，变成了田螺。

　　这个故事与《落洼物语》一样，也是受继母虐待的继子最后获得幸福的故事。不同的是，这个故事里的继母是因自己不慎而丢了性命,《落洼物语》描述的则是精心策划的报复。民间故事中的继子谈,大多只描述女儿最终得到幸福,不太关注继母的结局。故事中很少出现复仇行为,基本都是继母最后受到某种形式的惩罚。这种受虐待的继子最终步入幸福的婚姻殿堂的故事,在民间故事中屡屡出现。

下面再来看一下物语作品中的继子谈。前面说过,《落洼物语》是现存最早的、独立的"继子受虐谈",在与它同时期的物语作品中,《住吉物语》也以继子受虐为主题,只不过其现存版本是镰仓时代的改编本。最近《中世王朝物语全集》出版,其中第十一卷为桑原博史校译的《滴水浊流 住吉物语》(笠间书院,1995年),行文流畅易懂,非常难得。下面是《住吉物语》的梗概。

中纳言有两位夫人,其中一位是先帝公主所生的小姐,她就是故事的主人公。小姐八岁时母亲去世,继母①开始虐待她。少将爱慕小姐送来情书,继母却设法将自己的亲生女儿三小姐嫁给了少将。父亲中纳言想送小姐入宫,也遭到继母百般阻挠,并让70岁的老头子去猥亵她。这里出现的老头子,令人想起《落洼物语》中的典药助。小姐逃出虎口,投奔母亲从前的乳母,此人如今于住吉为尼。另一方面,少将与三小姐结婚后发现自己上当受骗,心中思恋小姐,愁叹芳踪难觅。

少将住在初濑期间受到梦启,奔赴住吉,小姐也在梦中得知少将之事。在尼姑的帮助下,两人最终喜结良缘。他们一起回到京都,却将小姐的身份秘而不宣。当他们的孩子长到七岁时,小姐借机向父亲告知实情,父亲大喜过望。当他得知继母的所作所为,愤怒地甩手而去。此后,继母不受待见,孤独地死去。与此形成对照

---

① 父亲中纳言的另一位夫人。

的是，小姐的夫君平步青云，官至关白①，二人生活幸福。本物语的最后，还有对长谷观音的颂扬之词，这一点与王朝物语不尽相同。

以上是《住吉物语》的大致内容。其中的梦启及对长谷观音灵验的颂扬，均为与《落洼物语》殊异之处。中世的物语作品中，除了《住吉物语》以外，还有其他一些继子遭受虐待的故事，市古贞次对这些故事做了周详的比较研究（市古贞次：《中世小说的研究》，东京大学出版会，1955年）。他把这些作品总结为一张表格，查看起来十分方便。

关于中世继子受虐谈的特点，市古的总结如下：

（1）故事以情节为主，人物描写及情感表现比较程式化。

（2）追求情节的变化，在题材与宗旨上标新立异。故事发生的场所不断变化，每个故事中的女主人公都漂泊不定。

（3）女主人公历经漂泊，最后去往偏僻之地，从而使故事脱离公侯将相的生活模式，带有一种庶民性。

（4）中世时，佛教渗透到生活的各个方面，物语普遍彰显了神佛对女主人公的佑护，她们通过梦境或幻觉得到神佛的指示。

（5）物语中混入了佛教故事与唱导文艺②中的本地③故事。

（6）强调劝善惩恶。结果导致作者对继母的厌恶感得到强化，并通过故事极端化的结局体现出来（比如让继母发疯而死）。

通过以上的总结，我们可以清晰地了解中世继子受虐谈的特点。包括《落洼物语》在内，这些继子受虐谈的共同之处是故事中的继子最终都过上了幸福的生活。除了少数例外，中世继子受虐谈

---

① 摄政和关白，都是当时实权在握的最高官位，天皇是他们的傀儡。
② 即宣扬佛法、普度众生的口头文艺或音乐和表演戏剧等。
③ 佛教刚刚传入日本的时候，为了更好地被日本人接受而将佛教与神道教相结合，宣扬日本的诸神乃是佛教中的各位佛，为了拯救日本众生而在日本化身，故称为"本地垂迹"。

中对于继子的幸福，大多呈现为身为继子的姑娘遇到乘龙快婿，从此开启幸福的人生旅程。此外，除了《日月之御本地》，其他故事中的继子均为女性，描述的都是继母与继女之间的矛盾。

中世物语中的《花世小姐》(《花世の姫》)①、《顶碗姑娘》(《鉢かづき》)②、《老姬衣》(《うばかは》)③三篇也与其他继子谈稍有不同。市古贞次认为，它们不是诞生于达官显贵的物语，而是来源于民间故事与传说，而且"故事的重点不是继子受到虐待，而是它积极的一面：美丽的姑娘在继母的欺凌中思念生母，虽然一段时间内沦落为卑贱的侍女，但最后一定会被贵公子解救"。其中，《鉢かづき》《うばかは》这两个物语分别以《鉢かつぎ》与《姥皮》为题，被收入《日本民间故事大成》(关敬吾，角川书店，1978年)，由此推断，它们可能起源于民间故事。

---

① 《花世小姐》讲的是一位叫作花世的姑娘被继母虐待，后来在山妖婆婆的帮助和观音的护佑下，得到财宝和意中人的故事。花世的继母趁着丈夫出公差的机会，借口让她取东西，打发她进山，目的是让山妖把她吃掉。花世遇到的山妖婆婆非常善良，送她出山。山妖送给花世一个小袋子，叮嘱她找到意中人时才能打开，并把自己的衣服送给她。穿上这件衣服，她就会变成一个老太婆。花世以老太婆的身份在中纳言家帮厨，后来被中纳言的儿子看到她脱下山妖衣服后本来的样子。中纳言的儿子向她求婚，婚后，两人一起回到花世娘家。花世的父亲知道事情的来龙去脉后，把继母赶出了家门。
② "鉢かづき"，意思是"头顶大碗"，讲的是母亲遵观音叮嘱，临死之前将一个大碗扣在美丽女儿的头上，保护她最后获得幸福的故事。女儿因为头顶一个怎么也摘不掉的大碗，被人们称作"顶碗姑娘"。她备受欺凌，寻死不成，后来被三品中将收留，在他家的洗澡间干活。姑娘做事勤恳，中将的四儿子很喜欢她，请求父亲允许自己娶她为妻。结婚的时候，大碗自动脱落，里面溢出各种宝贝。故事的最后，被继母赶出家门，沦为破落和尚的父亲与前往寺庙还愿的女儿巧遇，为自己当年听信继母谗言，赶女儿出门而向她道歉。女儿原谅了父亲，请他搬进自己的家，于是，一家人过着和睦的生活。
③ "うばかは"，在日语中可以写作"姥皮"，指的是一种衣服，穿上之后可以化身为不起眼的老婆婆。这个故事讲的是：为了让村民免受天旱之苦，三姐妹中的小妹妹自愿嫁给深渊里的大蛇，在观音的帮助下杀死大蛇后，迷路走进癞蛤蟆精的山间小屋。癞蛤蟆以前饱受大蛇欺负，为了感谢小姑娘杀死了自己的对头，送给她一件穿上就可以化身为老太婆的衣服。小姑娘以老太婆的模样在大户人家干活，某天晚上被少爷发现真容。之后两人结婚，幸福地生活在一起。

除去某些例外，从整体来看这些故事有一个共同特点：它们都是继母与继女的故事，而且继女最后均获得幸福。这也是本章的题目不是"继子受虐"而是"继子的幸福"的原因。

母亲与女儿

谈到继子受继母虐待而最终获得幸福的故事，大家一定都会想到《灰姑娘》。《灰姑娘》的故事传遍世界各地，前面提到的《米福粟福》的故事，也有人认为是从欧洲传来的。如果民间故事真有这么强大的传播力，那么欧洲那些以幸福婚姻为大团圆结局类型的其他故事应该也会传到日本，然而事实却是，在日本只有继母与继女这一个类型的故事，所以我认为它应该是独立存在的。那么，日本古代为什么会产生这样的故事呢？

在母系社会中绝不会发生继母与继女的问题，因为女儿必定会与亲生母亲生活在一起，即使生母去世，也不可能出现"继母"。实行招婿婚制度的时代也是同样，虽然它是一夫多妻制，但只要妻子们不与丈夫同住，就不会产生继母的问题。显然，这个问题产生于一夫一妻制。当然，在一夫多妻制的社会中，若是妻子们与丈夫同住，也可能会产生继母与继子的问题，就像《落洼物语》那样。

《风土记》一书是8世纪时各个地方奉天皇之命编写的地方志合集，只有部分流传至今。书中收录了大量传说，却没有一个明显与继子有关的故事，大概是因为当时尚不存在继子的问题。《落洼物语》成书的时候，继子问题已经产生。值得注意的是，虽然叫作继子谈，但故事中的继子几乎均非男性。为什么继子谈的主人公都是女性呢？

除了人类，其他动物没有关于"父亲"的意识。在猴群中，母子关系密切，小猴很清楚哪个母猴是自己的母亲，而对自己的父亲是谁毫无概念，它们只知道猴群的首领是谁。人类历史的早期阶段，也只有对母亲的认知。毕竟，母亲承担着繁衍子孙的重任，她的伟大显而易见。从这一点来说，母系社会是自然的产物。在母系社会中，女儿不会被看作母亲的继承者。她们把一代代不断成长为母亲的不同女性，以"伟大的母亲"的定义视为一体。也就是说，尽管人在发生变化，母性却是不变的。

随着历史进程的发展，当"个体"意识在人类的意识中开始觉醒，作为个人的母亲与女儿相分离的课题应运而生。女儿为了脱离母亲获得独立，对于母亲的养育方式也会予以否定。尽管此前自己一直都对此欣然接受，这时却会转而认为它是母亲控制自己、夺取自己自由的手段，并对之前认为母亲"充满爱"的那些行为产生怀疑，觉得那不过是怀柔之术。同时，那些在自己成长过程中一度奉为"教养原则"的东西，这时在她们眼中也变成了对个人自由的束缚。因此，无论母亲做得多好，当女儿想要独立的时候，都会对母亲的一切行为产生抗拒。实际上，母性本身就蕴含着这种两面性。

由此来看，物语中的"继母"反映的并不是实际生活中真实的继母形象，而是表现母性所具有的负面性的一种手段，它清晰地表现了在独立意识萌发的女儿眼中，母亲是什么样子。实际上，《白雪公主》在最初完成的时候，故事里的母亲不是继母而是生母，直到1840年修订版终稿中，格林兄弟才将其修改为继母。其实即便不修改也没有关系，因为仔细想想就可以明白，母性本身便蕴含着这一阴暗面。人类的古老智慧对此早就有清醒的认识，所以继子受虐的故事才会遍布世界各地，以至于人们耳熟能详。

《落洼物语》中的继母形象非常生动。物语里的人物一般容易流于脸谱化，但她的形象却栩栩如生，令人难忘。物语最后，在一片大团圆的祥和气氛中,唯独她没有变成"类型化"的好人。《落洼物语》作者性别不详,如果是女性作者,能写出这么优秀的作品,她一定是个具有很强独立性的人,这样的人对母性的阴暗面会比别人有更深刻的感受。

女主人公住在"坑洼室"里很有象征意义。后来,她还曾被关进仓房。女孩子在成人之前身处此类自闭性空间这一点,即便是现在也很有必要。孩子成长为大人非常不易,他们的身心同时在短时间内经历重大变化。在这个过程中,他们需要一种坚强有力的守护,就如同化蝶前的蛹需要坚固外壳的保护。"坑洼"也好,"仓房"也罢,虽然女主人公都是被别人不怀好意地抛入其中,对于她的成长来说却是必不可少的条件。反过来也可以说,即使别人为她所提供的是成长所必须的有利条件,在她本人急欲独立的状态下,她也绝不会认为那是对方的好意。

中世物语《鉢かづき》①中的钵和《うばかは》②中的皮也是一种"自闭"性的空间。欧洲民间故事中,比如《白雪公主》里的水晶棺、《长发公主》里禁闭公主的高塔等,均为同类象征的体现。而在佩罗的童话里,"林中睡美人"经历了"百年昏睡",可以说是最极端的表达。

在这些无论来自东方还是西方的故事里,最后打破少女自闭,带领她走向幸福的人都是"高贵的男子"。少女成人是重大事件,其变化之大,称之为奇迹也不为过。为强调此点,西方的故事一般会通过"魔法"来表达,日本的中世物语则用"神佛护佑"来突显,令人感到少女长大成人这件事,一方面虽是自然而然的过程,

---

① 即前述《顶碗姑娘》。
② 即前述《老姬衣》,日语也写作《姥皮》。"かは"即"皮"。

另一方面也同时带有"超自然"的意味。

值得注意的是,《落洼物语》中没有提及任何超自然的事物。当然,近代的电影、小说中也没有超自然的东西,但在那些英雄救美的男性身上,大多还是赋予了一些超自然的特性,比如西部剧中的英雄们。与之相反,在落洼君的丈夫少将身上,无论如何也看不出有任何超自然力量的迹象。当少将听说继母把自己的心上人关进仓房的时候,气得恨不能把继母一刀劈死。但在行动上,他却是连闯进对方家门的勇气都没有,只有哭鼻子抹眼泪的份儿。后来,他好不容易借着继母外出不在的机会,才终于把落洼君救出虎口,整个过程中完全没有发生正面冲突。这与先前(第三章)提到的典药助因为闹肚子未能进入仓房的事情属性相同,它们都是借由"自然现象"来解决问题。

在《落洼物语》的时代,人们认为一切自然现象本身即蕴含我们今天所说的"超自然"属性,因此无须另外借助"魔法"或"神佛"的力量。《落洼物语》描绘的是尚处于对自然充满敬畏的社会发展阶段背景下,女儿的意识试图挣脱朴素的母女一体世界的过程。

复仇的形式

《落洼物语》共四卷,落洼君被少将救出的情节发生在第二卷开头,可见本物语的主旨并不仅仅是"继子受虐"。在此之后,故事主要讲的是少将对继母施加报复以及落洼君夫妇荣华富贵的生活。并且,物语重墨描绘了报复行动结束后,落洼君尽心尽力赡养父母的事情。这些内容共同构成了《落洼物语》,显然,只将它视为"继子受虐谈"难免有失偏颇。

前面说过，古桥信孝认为《落洼物语》是一种"成女戒"，笔者完全赞同。它描述的是女性成长的必要过程，并告诉我们：即便母亲不是继母而是生母，依然会经历母女之间的各种矛盾，但只要忍耐过去就会得到幸福。当然，并非所有内容均指向这一主题，比如对报复继母的过程详细而有趣的刻画就不在此列。

民间故事中的继子受虐故事极少涉及对继母的报复，即使继母最终陷入悲惨的境地，故事也大多采用施之于神佛惩罚的形式。无论在民间故事还是王朝物语里面，主人公本身特地设法报复继母的故事都不占主流地位。

《落洼物语》复仇部分的精彩有趣，可以与"大众小说"相媲美。设想一下，早在10世纪就已经出现了"大众小说"，这简直不可思议。前文我们已经说过，后文也会不断提到，王朝物语的"中心主旨"在于表现"事物的流变"。用当今的话语来说，就是物语创作产生于人们对于"事物"具有不受人的意志控制、自然变化的本性的认识。此处的"事物"，指的是无法将其区分为外在客观物质与内在主观心灵的世界的状态。基督教文化圈认为，万物流转皆由神的意志决定，因此，在社会发展到能够承认人在神面前具有一定程度的主观能动力之前，绝无产生"物语""小说"之类创作的可能。所以，西方直到近代才开始出现"大众小说"。

提及有关复仇的大众小说，我脑海中首先浮现出来的是大仲马的《基督山伯爵》，小时候特别喜欢这本小说，觉得无比有趣。主人公基督山伯爵得到数不尽的财富，跻身贵族行列，并利用自己的有利条件实现了快意复仇。故事构思巧妙，引人入胜。主人公既全知全能，又打着"惩恶"的正义旗帜，可谓所向无敌。

《基督山伯爵》诞生于19世纪的法国，而10世纪诞生于日本的《落洼物语》，也是一部伟大的作品。与《基督山伯爵》不同的是，

《落洼物语》中的复仇者落洼君是女性，她丈夫不顾她的反对，替她实施了复仇行为。另一方面，这两个故事中如出一辙的是：复仇者都拥有巨额财富和高不可攀的社会地位，可以保证他们充分实施复仇计划。它们的另一个共同之处是：在此过程中，遭到复仇的一方始终搞不清楚自己为什么会屡次厄运临头，唯有哀叹自己运气不佳，而谜底直到最后才被揭开。

复仇时保持冷静至关重要，但是再冷静的主人公也难免会有心意不坚的时刻。基督山伯爵为了报复背叛自己的弗南·蒙台哥伯爵，计划与弗南的儿子决斗，并在决斗中杀死他。弗南的妻子以前曾是基督山伯爵的未婚妻，她得知消息前来求情。基督山伯爵不为所动，坚持复仇。于是，她说道："你这是要陷你曾经的爱人于不幸吗？"基督山伯爵闻听此言，不由改变了心意。此故事中的人际关系错综复杂。

《落洼物语》中，落洼君看到对继母的报复行为使父亲也备受牵连，跟着一起受苦，她于心不忍，几度央求丈夫停止报复。落洼君被描绘为一个理想的女性，不管继母怎么虐待她，她仍然会好好地赡养她，从未有过报复的念头。尽管丈夫不顾落洼君的反对，不停地实施报复，但他也早已有所打算，决定出了胸中闷气之后定会赡养他们。

复仇过程中，阿漕发挥了重要作用，她对继母遭到报复感到十分痛快，嘴上同情，心里高兴。第二卷末尾，阿漕与落洼君有一段对话。落洼君的丈夫（时任卫门督）无情惩罚继母及其同伙，特别是对典药助痛加教训。落洼君得知后，心中不忍，悲愁不已。阿漕见了说道：用不着可怜他们，典药助是罪有应得（指闯入仓房未遂之事）。落洼君闻言说道："你要是这么说话，就不要侍奉我了，去伺候卫门督吧。"阿漕无所谓地反嘴道："行啊！卫门督大人在做的事都是我想做的,是比小姐您更让我尊敬的主子呢!"

阿漕敢这么说话,一定是看透了落洼君的内心深处其实也埋藏着复仇的愿望。她们俩这一番争执,既没有惹得小姐生气,阿漕也没有真的跑去侍奉卫门督。

这样的对话虽然出现在紧张的复仇过程中,却依然显得游刃有余,令人感叹她们的幽默风趣。再后来,落洼君的父亲去世,49天法会结束的时候,落洼君的丈夫跟她开玩笑说:"赶紧回家吧!要不又得被关进仓房了。"她回答道:"瞎说!"脸上虽一本正经,心里只怕已经笑到不能自已。

关于复仇,我们最后再谈一点。三谷邦明在"解说"(《落洼物语 堤中纳言物语》,日本古典文学全集10,小学馆,1972年)中写道:"自古至今,很多人批评本物语过于残虐,尤其是卷二中对典药助重下铁拳的报复场面太过残忍。"对于"残忍"程度的判断,依个人与时代的不同而有异。若以"平安时代"为评判标准,这么说或许没错。但是,如果以今天的眼光来看,故事中对典药助的惩罚反有过轻之嫌。不知道三谷所说的"很多人"都是什么时代的人,总之由此看来,平安时代真的很"平安"。现如今的"平成"时代,字面虽与"平安"相近,但是如果发生同样的事情,恐怕绝无可能如此简单了事。

阿漕的视角

复仇结束后,一切变得祥和圆满。落洼君的丈夫官至太政大臣,此事自是无须多言,就连他们的女儿也成为皇后。在此期间,他们夫妇两人凭借自身的财富与权势,对落洼君的父母给予了十二分的补偿。

在达成这份圆满之前，卷二中有一段很重要的插曲，内容如下。

落洼君的丈夫官居三位中将的时候，右大臣想把自己的独生女儿嫁给他，托中将的乳母传达此意。中将顾及落洼君的感受，断然拒绝。乳母觉得这是个好姻缘，擅自回话答应了这门亲事，于是对方开始为婚礼做准备。当中将还被蒙在鼓里时，风声却已经传到落洼君的耳朵里。这期间，两人之间的关系变得十分紧张。不久以后，中将得知乳母任意妄为，斥责她"少干蠢事！"。乳母反驳道：男人受到妻子娘家的厚待，过着锦衣玉食的生活乃是当今时尚，就算你有心爱之人也没关系，并不影响迎娶右大臣的女儿啊。中将很干脆地说：自己是落伍之人，不想赶时尚，并会把善待落洼君的誓言坚持到底。阿漕的丈夫带刀听到了，对乳母（中将的乳母是带刀的母亲）说：你不知道中将人品有多高尚，多余说那些话，再这么不知悔改的话，我就出家给你看。事情这才平息下来。

这段故事中显示出强烈的一夫一妻制主张，这在平安时代，尤其是在贵族阶层中实属罕见。虽然乳母称之为"时尚"，但其实那时的贵族基本都是一夫多妻。既然如此，这里怎么会强调一夫一妻制呢？我认为此问题的关键乃是阿漕。暂且把贵族阶级放在一边，下面我们来谈谈阿漕。率先开始实行一夫一妻制的，应该是阿漕所属的阶级，因为他们受到经济等条件的限制。而开始实行一夫一妻制之后，女性们深切地体会到，这种制度对她们来说比一夫多妻要好许多。以此来看，这里其实隐含着一个女性视角。

本物语最重要的人物，毫无疑问当是落洼君夫妻，但是存在于他们背后的带刀与阿漕夫妇也不容忽视，这两对夫妻之间存在着微妙、恰切的对应与合作关系。凭借阿漕夫妇的帮助，主人公夫妻才能喜结良缘。另一方面，随着主人公夫妻的飞黄腾达，带刀和阿漕也跟着发家致富。带刀做了三河守,官位至左少弁,阿漕最后成为典侍①,可以说都达到了他们两人所能达到的最高地位。当落洼君以理想女性的形象出现,对待任何人都和蔼可亲、善解人意的时候,阿漕则将精力全部投入复仇。可以说,她的行为满足了落洼君隐藏于内心深处的需要。带刀与阿漕完美地分担了无比美好的主人公夫妇的阴影②部分。

这种两组夫妻密切共存的现象普遍存在于东西方的"物语"之中,也常见于故事性较强的西方歌剧。比如莫扎特的歌剧《魔笛》,其主人公塔米诺和帕米娜夫妻与其背后的帕帕基诺和帕帕基娜夫妻颇具代表性,他们与《落洼物语》中的两对夫妻在许多方面高度相似。说句画蛇添足的话,这是"物语"里的世界,如果换作生活在现实中的夫妻,则须将这两组夫妻的特质合二为一。

接下来我们探讨一下复仇的话题。当时的贵族们大概认为无须自己主动采取报复行动,自然或神佛自会主持公道。可是后来随着武士阶级的抬头,源于个人意志的报仇行为开始受到称颂,于是诞生了大量的"复仇物语"。它反映的是武士的道德观,讲述的是复仇者面对势力强大的仇敌,历尽艰辛终达目的的故事。《忠臣藏》③是其中的代表作品。

《落洼物语》的复仇与这种武士复仇迥然不同,后者明快有趣,蕴含着对强大的"个人"的信赖,没有命运或神佛介入的余地。这种人生观是贵族阶级,尤其是上层贵族所没有的,它属于阿漕所在

---

① 典侍,平安时代的女官名,内侍司次官,掌管后宫事物。内侍司的长官称尚侍,后来尚侍后妃化,典侍在实际职责上相当于内侍司长官。
② 这里的"阴影",是荣格心理学四大原型之一,指的是"个体不愿意成为的那个东西",即负面人格。
③ 《忠臣藏》,日本木偶净琉璃及歌舞剧的一个经典剧目,故事发生在18世纪初,以赤穗四十七士为主人报仇的史实为原型创作而成。

的阶级。这个阶级虽不能称为"平头百姓"阶层，却也是一个不凭借家世与身份，依靠个人能力与打拼，达到出人头地的阶层。

因此，物语以对阿漕的描述来结尾具有重要意义。岩波书店版"日本古典文学大系"中结句行文为"内侍活至二百"，小学馆版"日本古典文学全集"则为"传言'典侍活至二百'"。前者的补注中说，这句话各版本之间文字有差异，可能是后世增补进来的。倘若果真如此，则现存的《落洼物语》极有可能是镰仓时代的改编作品，不过对这一点的考证，远非笔者能力所及，此处略去不谈。总之，现存《落洼物语》中，阿漕的重要性显而易见。

基于上述内容，如果将《落洼物语》看作从阿漕的视角所创作的作品，那么它的特点便会浮现于表面。前述三谷邦明在"解说"（《落洼物语 堤中纳言物语》，日本古典文学全集10，小学馆，1972年）中提到的一件事值得注意，他说该物语的英译者威尔弗里德·怀特豪斯（Wilfrid Whitehouse）与柳泽英藏（Eizo Yanagisawa）"指出本物语的作者简直就像是阿漕"。三谷认为这个说法"击中了日本人物语研究的软肋，我们一向将目光锁定在物语的作者是源顺以及物语的作者是男性上面。"他得出以下结论："从物语的表达、主题、描写等方面来看，其作者的确是男性，而且地位不高。若如此，怀特豪斯关于阿漕是作者自画像的说法便无法成立。那么，或许可以这样理解：像阿漕这样的侍女，她们不是物语的作者，而是物语的享受者、阅读者。"

探讨文章的表达风格不是笔者的长项，无从评论，但我对学界长久以来认为本物语的"主题、语言描绘"带有男性特征的观点不敢苟同。比如认为女性不可能描绘出复仇的场面等观点实在过于武断，阿漕阶层的女性一定具备此能力。如前所述，本物语的阿漕视角相当突出，如果有学者愿意从作者或为女性的角度来重新审视这部物语,将是一大幸事。

以上所述种种为笔者拙见,最后愿以古桥信孝之言结尾。他在与我的对谈中说:"如此有趣的物语,在日本文学史上实属罕见。"愿它受到世人喜爱!

第六章

冗句、定句、叠句：[①]《平中物语》中的和歌

歌物语

我们接下来要探讨的对象《平中物语》是所谓的"歌物语"[②]。许多人认为，歌物语不是应该首推《伊势物语》吗？的确如此，此二者甚至不可同日而语。笔者之所以选择《平中物语》作为研究对象，乃出于以下原因。

笔者本人特别不擅长和歌，俳句比和歌强一点，但也做不好。我从小觉得自己与和歌的世界无缘，我清楚自己在艺术方面没有天赋，而对和歌却是根本没有兴趣。因此，在我为了研究日本物语，一本接一本地阅读的过程中，一直对歌物语敬而远之，不想去面对。后来，在一场名为"日本的物语"的对谈中，国文学研究者古桥信孝建议我读一读《平中物语》（《平中物语：当今工薪族处世训》，收录于《续·谈谈物语》）。

[①] 冗句、定句、叠句与 joke 在日语中发音相同，均为"ジョーク"。
[②] 歌物语是一种以和歌为主要表达形式的物语类型。

既然如此，那就先读读看吧。没想到这本书当真有趣，估计古桥也是看透了我，觉得"《平中物语》的话，应该还是看得懂的"，才把它推荐给我的吧。不出所料，我的确被平中的世界所吸引。只是我感兴趣的东西，如果从和歌"鉴赏"的角度来看，纯属歪门邪道。但我觉得后文我要陈述的内容，是日本古代和歌中不可忽略的一个重要方面。

在阅读《平中物语》的过程中，不断浮现于脑海的是"玩笑式应酬"这个词。它主要发生在男女之间，二人口舌不断，互开玩笑，有输有赢。令人一边扼腕叹息，一边回味无穷。

本书第三章中"从不杀人的争斗"就是建立在玩笑大战或称之为"雅斗"的基础之上的。比起物语中的玩笑，我更喜欢那些频频出现的谐音双关语，从这个角度来解读《平中物语》将十分有趣。于是，我决定以《平中物语》为对象来探讨一下歌物语。

物语里玩笑一个接一个，所以本章的题目也起得带有玩笑的意味。下面稍作解释，尽管对玩笑做解释是极不聪明的行为。当然，和歌不完全是玩笑式应酬，其中有些固定的表达形式和技巧。

比如第二十一段的这首和歌（以下据《平中物语》，日本古典文学全集8，小学馆，1972年）。大纳言国经命平中为他办事，平中回信时附了一枝美丽的菊花——他是有名的养菊达人。大纳言回赠和歌如下：

> 历经御代换天日，老翁倚杖访花乡。

意思是说，曾在几代天皇御前侍奉的老翁大纳言，即使拄着拐杖，也愿去看看这美丽菊花盛开的地方。当时人们普遍认为菊花是长生不老之药，生长在仙境。和歌借此称赞平中府邸。平中惶恐，回复和歌如下：

　　玉矛生辉，君若临，茅间菊花香更浓。

　　他吹捧对方说：如果您能大驾光临，我家的菊花一定会更加香气四溢的。这都是应酬中的套话，即日常寒暄，其中没有玩笑的成分。当时有很多用于寒暄的和歌。我本来想用"常句"这个词来表达固定的句式，后来得知连歌中称之为"定句"，便借来用于本章标题。

　　这首定句式和歌，考虑到当时平中与大纳言之妻有染，坊间流传着各种流言蜚语，平中此时竟然还能摆出一副一本正经的样子用套话与上级"寒暄"，可见其中隐含着玩笑的意味。不知国经是否知道夫人与平中的关系呢？

　　所谓"叠句"，指的是重复使用同一句式。中国的诗重视"对称字句"，下句要与上句形成对偶。日本的连歌不太重视"对称字句"的形式，而是侧重于创作出似乎重复而又不是重复的诗句。写和歌或返歌①时，在结构上也不采用易于理解的对偶形式，而是予以重复，这是日本式结构的特点。从返歌来看，它的用词不是与原歌相对照，而是采用与之相近似的语言来回复。譬如下列男女互赠的和歌（第八段）：

　　明知此花开倏忽，赏时犹望永留存。

　　针对以上男子的赠歌，女子答道：

---

① 返歌，指对别人所赠和歌的答复之作。

愿我年年化此花，聊得君心半寸留。

男子赠歌时随附樱花，使用的是樱花盛开时繁花似锦却转眼又香消玉殒的意象。女子在沿用这一意象的基础上，继而追问男子情意厚薄。两人之间似乎情不深、意不浓，但通过这样的和歌赠答，想必各自得到不少乐趣。他们对于这种尚不至"剑拔弩张"的恋爱关系，能够享受其妙处，通过互赠和歌，"玩笑式的应酬"一下，巧妙地为它注入了一些活力。

雅 斗

如上述和歌所示，男女之间使用和歌进行情感交锋，这样的"打斗"以不流血为特征。即使交锋再激烈，也会因为充满玩笑及唯美的感觉而变得柔和。

第二段里男女之间的和歌互赠简直堪称"和歌大战"。男子因自己的情书被置若罔闻，忍无可忍，写信给对方说：如果看了我的情书，就算是不答复也该回个"已阅"（見つ）吧。女子不甘示弱，真就只回了一个"已阅"（見つ）。男子不肯就此罢手，又送去如下和歌：

炎炎夏日我身燃，独泣某人"已阅"中。

这首和歌如果只从意思来看十分简单，然而令人佩服的是，它将多个双关语与缘语①嵌入歌中。其中"夏日"的"日"与"火"

---

① 缘语，和歌的修辞技法之一，指在一首和歌中使用两个以上意义相关的词。比如要表现"蝴蝶"时，使用"飞舞""翩翩"来共同表达这一意象。

谐音双关，"独"与"香炉"双关①，强烈地表达了"我身燃"之状。"已阅"与"水"谐音双关，后续"泣"字，表现了泪流不止的情景。这种情况下，女子不能不为之所动，于是回赠和歌如下：

莫名泪流多积水，不如取之灭燃情。

意思是，你那莫名其妙的泪水流得多，干脆就用它来浇灭你燃烧的情感吧。这回复可真够绝情的！回赠的和歌里同样使用了"已阅"与"水"的双关语。男子毫不退缩，继续通过"火"的联想来挑战：

凝神锁愁眉，伐柴无扁担，吾肩苦不堪。

"愁"与"柴"双关，并与第一首和歌中的"火"是缘语；"凝"与"伐"双关，一方面表示悲伤不已，另一方面表示砍柴的意思，这真是精琢细磨的语言表达。②

一番和歌大战之后，他们最终也没能走到一起，不过这般和歌往来对他们来说一定非常有趣。此类场合中的和歌，与法国宫廷中男女之间略带调情、夹杂着玩笑的交谈异曲同工，而当下也有同样的现象存在，只不过使用和歌的形式去演绎显得更加雅致。古人赠歌时会随附鲜花，还会讲究纸张的材质、字体的选择、文字的排列等等，需要花费相当的心思和考量。就此而言，这段故事对于当时生活在和歌大战中的男男女女来说，可说具有教科书的功能。

---

① "火"与"日"在日语中发音相同，均为"ひ"。"独"与"香炉"发音同为"ひとり"。
② "凝"与"伐"在和歌中为同一个词"こり"，"精琢细磨"一词，本书原文为"こりに凝っている"，它本身也是一个技巧高超的语言游戏。

下面再来看看物语第十七段，其中详细描述了这样一个故事：男子来到相好的女子住处，竟发现还有别的男子也在，而且那男子居然是一个和尚。详情如下。

男子在与女子情深意浓一夜之后，接连有事，不能到访，心中歉疚。三四天后，男子于月圆之夜来访，却发现一个和尚藏在茂盛的芒草丛中。女子一面命人传话给和尚，一面邀请男子进屋。男子很想命仆人把和尚"抓起来"，却不知道那两人之间到底是早有瓜葛呢，还是自己没来的这几天才刚刚开始交往。总之，在这场三角恋即将面临腥风血雨之时，男子选择留歌一首后转身离去：

芒花已结穗，犹自随风舞，摇摆向何方？

这首和歌堪称"芒草一击"。要给对方以沉重打击，不用刀剑，而是以和尚藏身的茂密芒草为喻咏歌一首。通过这"一击"，男子心中之恨或可纾解，值得注意的是，他因此避免了身体上的打斗。另外，这首和歌除了以和尚藏身之处的茂盛芒草作为隐喻，没有使用任何双关语或缘语。这大概是因为事出突然，作者无暇顾及修辞；也可能是因为他只想直言不讳地向对方表达自己的心情。

第三十四段中，男子得知自己的情人处有别的男人出入，可是那男人很有权势，自己无法与之抗衡，无可奈何之下，作和歌以表怨恨。男子有在和歌中使用"逢坂"一词的习惯，女子就给他起了个绰号叫"逢坂"。男子想起此事，作以下和歌：

此关本名我逢坂，今欲唤作人守山？

女子答曰：

逢坂关名人皆知，请君告人汝守山。

和歌中使用了男子的绰号"逢坂"。逢坂关的"逢"与"相逢"同义，所以这个地名经常出现在和歌中。它会使人联想到很多词语，比如关卡、守护、守山，其中守山也是地名。这首和歌运用了缘语、隐喻等技巧，用通俗一点的话来说基本是这样：

——"你说只想见我、见我，怎么又去招惹别的男人？"
——"你要这么说的话，那就把咱俩变成别人无法插足的关系吧。"

如此下去似要变成角力场，但只要是用和歌来表达，终究无伤大雅，真是妙趣无穷。

两人之间接下来还有一些故事，此处从略。由上述和歌往来的过程可以看到，女方与男方平等交流，还可以对男方倒打一耙，这也是通过和歌来争执的好处。

关于和歌中使用绰号"逢坂"一事，在此多说几句。用对方的名字来制造双关语是一件很容易的事情，可是据我所知，和歌中除此一例别无其他。这大概是因为当时的人们对于"名字"非常重视，不能轻易称呼别人的名字。即便在这首和歌中，也没有用本名，而是用的绰号。

意象唤醒力

和歌的特点之一是能够唤醒各种意象，比如第二十九段中的这首和歌：

　　草屋织成倭文布，机杼行疏布亦疏，相见无期心悲苦。

　　大体意思是不能相见，心中悲伤。其上句①的表达非常巧妙，它用织布时线与线的疏离比喻两人难以相见。这个比喻背后所隐含的思想是：织布是命运女神的工作，不同的命运由女神们织就。相见无期的现实背景中，浮现的是命运女神的意象。而纬线是疏是密，取决于女神在机杼上的手起手落。

　　男子后来发现，原来女子有了别的男人。女子曾以"被父母发现受到责骂"为借口拒绝男子，于是男子又赠歌一首：

　　倭文粗布君织就，行远线疏问向谁？

　　歌中沿用了织女的意象，但明确指出事情乃女子有意为之——"是你存心把布织得粗疏"。第一首和歌是把原因归于他人或命运，第二首和歌表达的是事已至此，再也无法忍受。尽管如此，第二首和歌仍然沿用了织女的意象，而避免使用过于直接的表达方式。

　　第十八段中，情书如石沉大海，收不到回音，男子于是作和歌曰：

　　庭中落叶扫作堆，如吾言叶遭人弃。②

---

① 和歌通常由31个音节组成，采用5、7、5、7、7的形式。其中前三句（5、7、5）称为上句，后两句（7、7）称为下句。
② 此和歌日语原文为："はき捨つる　庭の屑とや　つもるらむ　見る人もなき　わが言の葉は"，录于此，供读者参照。

这首和歌由"言叶"一词，引出叶的缘语"庭屑""扫尽"等，其他并无特别之处。因为没有收到回信，男子又作以下和歌：

秋风无情翻葛叶，可知此心怨恨深？

这首和歌令人印象深刻。男子被人无视，直抒怨恨之意，其高明之处是用了"葛"字。"葛"字是由"屑"字导引出来的，①葛叶的正面与反面颜色迥然不同，人们看到被风吹得翻转过来的叶子背面，会很惊讶。

由"屑"联想到"葛"，葛叶翻转的意象与"怨恨"相通，"（看到叶背）恨上加恨"②，把这一意象表现得淋漓尽致。屡次奉送情书却不得回复，心中怨恨交加之时，尚能如此耽于意象游戏，不能不令人佩服。

意象既可以将那些难以付诸言辞的东西表达出来，同时还伴随着感情的流动，这是意象世界的特点。所以，难以用语言表述的心理状况通过意象来表达，会十分有效。

还有一点，顺便提及。关于上面这两人的恋爱是否可以成功，中间人也心存疑虑，女方似乎字写得不好，也不会作和歌，本段故事以她"后来据说顺利嫁人，做了主妇"而结束。既然这女子"做了主妇"，想必当时一定有一些女性与"好色"③党平中他们完全不同，过着非常质朴的生活。或许大多数女性都是如此，她们在日常平淡的生活中，以欣赏《平中物语》为乐。如果生活在未来的人们研究平成时代备受欢迎的小说《失乐园》（渡边淳一，讲谈社，

---

① "葛"与"屑"在日语中发音同为"くず"。
② "看到叶背"与"怨恨"发音相同，同含"うらみ"。
③ 平安文学中的"好色"与现代语义有所不同，偏指风雅、风流。

1997年）时，仅仅凭借这一本书的内容，便断定生活在平成时代的人均偷情，这无疑有悖事实。《平中物语》亦同理。

审美性计谋之星

《平中物语》末尾第三十九段有这样一个故事：

右大臣的母亲在贺茂川游玩时，巧遇本院大臣①。于是，右大臣的母亲派人送信寒暄，结果对方没有理会便离开了。正在她唉声叹气的时候，平中送来和歌：

马不停蹄渡河去，此番传言可当真？

女方返歌：

妄言多幼熊，河边不曾见。

正当右大臣之母因为没有得到对方回信而哀叹的时候，平中乘机向这个地位高贵的女人献媚，却被她劈头盖脸泼了冷水。面对平中"传言可当真？"的提问，她用"妄言"予以不容置疑的否定。

我认为平中在给右大臣之母写信的时候，已经预料将会收到这样的回音。如此说来，平中在其时代中的作用则显而易见。对于右大臣之母来说，自己作为女性的一方，主动写信却得不到回信，真是既遗憾又没面子。此时收到以"好色"著称的平中的来信，不管

---

① 本院大臣，即左大臣藤原时平。

她表面如何冷淡，内心应当是有些欣喜的。她不仅在返歌里断然拒绝了平中，还借此否认了自己曾给本院大臣写过信的事情。这么一来，其心中郁闷当可云消雾散。这就是平中的作用，他的存在，可以让很多人扫尽心中不快，重获欢愉。物语以这个故事结束，意义重大，它揭示了平中的价值。

再看一下物语开头的一段故事：男子（平中）遭谗言失去官位，度日如年。仰望澄空明月，心中悲愤翻涌，于是作和歌送友人。

叹望空中月，泪水化天河。

友人答曰：

银河若为君之泪，血色奔涌向天边。

一般认为，友人所说的如果天河是你的泪水积成，"血色奔涌向天边"则表达了对平中的深切同情。笔者愚见，这句话暗含嘲讽之意。他一方面表示同情，另一方面也夹杂了作为朋友的、男人之间的挖苦：你既是世间无人不晓的平中，想必连泪水也与常人不同吧？似乎在说："平中啊，你也没招了吧？"

可以说，平中的存在为世人带来了快乐。当然也有例外，上文我们提到了第三十九段，其前文的第三十八段，写的是一个女子因为平中的疏忽而削发为尼的故事。男方（平中）与女方发生关系后，第二天因公务羁绊，不仅没有依例送来次日慰问信[①]，而且连续

[①] 平安时代实行走婚制，男子夜访女方。与女子结婚时，初夜翌日离开之后，须写信给女方，称"后朝"。且须连续三天在女子处过夜，婚姻关系方告成立。

几天不见人影。女方伤心欲绝,削发为尼,留歌一首:

人道天河空中悬,却似眼前泪成川。

这里也出现了"天河"一词,都是泪流成河的比喻,但此处的"天"被用作"尼"的双关语。①平中看到大惊失色,回复和歌曰:

纵使恨世泪双流,岂可须臾成天河?

纵使泪如雨下,怎可轻易就流成天河(削发为尼)了呢?在此,我们把这一段与第一段里平中的和歌做一个比较。彼时,平中的眼泪瞬间化作天河,被朋友既似同情又似揶揄地评论为"血色奔涌向天边";而在这里,他却说:你的眼泪那么容易化作"天河",真让我不知所措。

由以上的探讨来看,平中的角色,是个十足的计谋之星,变化自由。正所谓福祸相依,各种"故事"不断在他身上发生。

许多学者指出,日本的物语与欧洲的故事相比,缺乏具有典型性的"英雄"。无论是倭建国命还是义经,都不是典型的英雄,而是具有计谋之星的特点。将平中与唐·乔望尼相较而言,后者是英雄,平中则是计谋之星。

计谋之星的故事传遍世界各地(包括欧洲)。平中的特别之处,在于他的审美能力,即具备成为歌物语中英雄的素质。他即使身陷绝境,也不忘吟咏和歌,并且其和歌之中充满玩笑的意味。这种具

---

① "天"与"尼"发音相同,均为"あま"。

有审美性的计谋之星,实属世间罕见。

和歌的传统

和歌在当今的日本社会依然极其繁盛,全日本创作和歌的人不可胜数。随着以此为爱好的老年人的数量不断增加,吟咏和喜爱和歌的人数比例越来越高。相对于其他国家喜爱写"诗"的人数来说,日本热爱和歌的人数之多无与伦比。正因和歌受到日本人如此厚爱,自古以来的和歌传统才能绵延至今。

可以说和歌创作的传统在如今依然充满活力,这一点当无人存疑。但是对于"平中"类型的和歌,却可以用后继无人来形容,很少有人能够巧妙运用双关语、缘语等技巧创作和歌。换句话说,和歌在当今被人们看作一种"作品",而《平中物语》中的和歌却很少被认为是独立的作品。它是一个机巧的寒暄,或对话的有机组成部分,这才是它的意义所在。

那么,作为玩笑式应酬(而不是和歌)的"平中"的传统,在今天是否还存在呢?我认为,这一传统渗透了诸如江户时代的洒落本①中。回到当下,首先让我想到的是国际上对日本人不擅长开玩笑的评价。其实,与其说是不擅长,倒不如说很多人不开玩笑,或者说不会开玩笑更恰切。难道说《平中物语》的传统已在当今时代消失殆尽了吗?

需要指出的是,玩笑也有不同的种类。欧美社会通用的玩笑形式与日本的玩笑形式存在差异,日本人即使想开"平中"式玩笑,欧美人也不会理解,大概因此,日本人才不和他们开玩笑。比如

---

① 洒落本,江户中期的一种戏作文学,属通俗小说。

说，怎么把双关语、缘语等技巧译成英语就是个大问题。如果继续探讨下去，则须对玩笑文化加以比较，本话题暂且就此打住。

另一方面，像婚宴这种日本人聚集的场合，致辞也大多沉闷无趣。按本章题目来说，就是冗句（废话）不见了，定句（套话）、叠句（重复的话）①连篇累牍。日本人怎么会变得这么一本正经了呢？或许是因为日本人在接触到欧美文化时，一根筋地努力"追赶、超越"它们的过程，逐渐丧失了心灵上的从容，而这种心灵的从容，正是玩笑诞生的母体。

抑或是日本文化中另外一个十分重要的传统——与《平中物语》的传统完全不同的"型"②受到重视，作为一种风潮散播开来，结果导致表达僵硬，套话泛滥。总之，"平中"文化隐于幕后，堕落为低级的滑稽类电视节目的一部分，定句与冗句已然分道扬镳，这就是日本的现状。

需要我们思考的课题还有很多，总而言之，我觉得现代日本人应该多向《平中物语》学习。如果审美性计谋之星能够活跃在这个国际化的时代，一定是件令人高兴的事。

---

① 这一句中括号里的字为译者所加。
② "型"，即类型、模式。

第七章
物语中的 Topos

场所的重要性

　　物语中特定的场所具有重大意义，有时甚至令人感觉那个场所本身即具有某种重要特性。

　　例如宇治这个场所在《源氏物语》中就发挥着重要作用。很多故事发生在京都，而在宇治上演的故事则蕴含着与之不同的意义。

　　对于含有特定意义的场所即Topos的意识，随着近代以个人为中心的意识的强大而迅速淡化。人们认为个人的存在方式和特质，才是最重要的东西，其核心特质不会随着人们移动场所的变化而变化。即使某人在某个场所会产生某种感觉，也被认为那是纯属于其个人的感受。重视Topos的人则对此有不同见解，他们认为这个场所本身即具有某种性质，相信地方神性（genius loci，或可称为"土地的精神"）真实存在。近代之前，这种意识在世界各地普遍存在，所以不难理解为什么Topos会在王朝时代的物语中具有重要意义。

　　《住吉物语》也可以视之为住吉这个Topos所诞生的物语，因此才会把住吉作为书名。物语的主人公作为备受折磨的继子，来到住吉这个地方而立获解放，物语由此发生逆转，走向幸福的大结局。"住吉"这个地名，字面给人"适合居住"的感觉。更重要的是，它被看作一个与人们过着日常生活的京都完全不同的地方，具有产生特殊事物的力量。住吉神社则象征性地体现了其重要的Topos性。

大和的长谷（初濑）也是Topos性很强的场所，中世的时候，诞生了许多与长谷有关的物语。比如在长谷寺参拜期间于梦中得到神谕，从而找到自己的生活方向，等等。实际上，直到今天，当我们身临群山环绕的僻静之地长谷，依然可以感受到它特殊的氛围。

地方神性在近代受到抹杀，土地完全平板化，丧失了与精神、灵性的联系。如今，人们可以"方便"地不受身份限制，随时随地去往任何地方，但我们不应忘记，任何事情有得必有失，这种"方便"乃建立在以抹杀地方神性为代价的基础之上。

现在的美国，在各种工作坊中都流行 Retreat（隐修），远离喧嚣，隐居几日，体会精神与心灵的世界。可以说，这是一种试图超越近代的努力。而实际上，它也确实比在都市中的聚会更有效果。但我依然怀疑，在地方神性受到大量迫害之后，它能否那么容易获得再生。不管前现代的智慧到底能给后现代带来多少活力，我们都应该为唤醒那些智慧而一点一滴地不断付出努力。

用心阅读充满Topos智慧的物语，就是这类努力之一。对于物语主人公前往住吉的行为，不能只简单地理解为人的空间移动，还必须充分咀嚼其中的深意。无论如何，从京都步行到住吉，其行为本身非常重要，这一漫长的过程对于到达特定的Topos是十分必要的，与乘坐JR[①]不可同日而语。当今社会，由交通工具故障或事故

---

① JR，Japan Railway 的简称，即日本著名铁路公司。

引发的人员伤亡或混乱，突显了方便所包含的负面因素，但人们只是把它们看作时而发生的"偶然"事件，从来不去思考它有何意义。古时候，人们在旅程中亲身经历千辛万苦，更能深刻体会到Topos的重要。

从这个角度来看，王朝物语也是建立在某种Topos特性的基础之上的。源氏谪居"明石"对整个物语具有重大意义。明石远离京都，面向大海，性质独特，"明石君"是这一Topos的人物化体现。明石的经历化作源氏身体的一部分，由此地返回京都后的他，已经与之前的他大不相同。在明石这个Topos的"隐修"，对于源氏的成长不可或缺。

《换换多好物语》中的Topos

让我明确意识到Topos对于物语的重要性的作品是《换换多好物语》[1]，笔者曾就此发表过相关论文［拙著《换换多好：男与女》，新潮社，1991年（新潮选书，2008年）］。为论述方便，特将故事情节简单概括如下。

《换换多好物语》的主人公是一对姐弟（也有兄妹之说，本文取姐弟说），姐姐天生像个男孩，弟弟天生像个女孩。他们各自被按照异性的样子抚养成人，这个秘密只有他们的父母和身边极亲密的几个人知道。姐姐以男性身份出仕宫中，官至大将，弟弟以女性身份成为东宫（女性）身边的女官。结果不仅使周围的人陷入一片混乱，他们自己也烦恼丛生。

大将（姐姐）陷入结婚窘境；另一方面，东宫以为弟弟与自

---

[1] 此物语日语名称为《とりかえばや物語》或《とりかえばや》。

己同为女性,对他毫无戒备,结果两人发生性关系,东宫怀孕。而大将方面,被她最亲近的朋友中将(官位虽不断变化,因他做中将时间较长,故仍称中将)识破女儿身,两人发生性关系并导致大将怀孕。

姐弟俩身陷困境,生不如死。无奈之下,两人决定互换身份,弟弟做大将,姐姐当女官。最后终于突破僵局,皆大欢喜。

故事虽然荒唐无稽,却在性别方面展示了非常激进的思想。物语揭示出那些被固化为男性与女性不同角色的东西,实际上很多是可以互换的。同时也告诉我们,那些人们认为可以用来明确区分男女的标准并不可靠。在这些界限消除的地方,存在着近乎怪诞的超现实美。从这个角度来说,我认为它是一部优秀的作品。此为题外话,下面仍回到Topos的话题。

《换换多好物语》中,宇治与吉野这两个场所意义重大。图1清

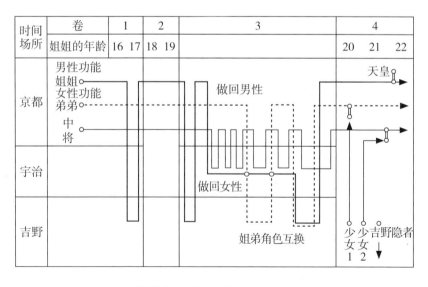

图1 《换换多好物语》的主要人物与场所

楚地反映了主要出场人物随着故事的进展分别进行了哪些活动，其中宇治与吉野的重要性显而易见。

京都是真正的日常世界，与之相反，宇治作为一个远离京都的空间，会发生常人无法预测的事件。中将把怀孕的大将（姐姐）偷偷带出京城，安排在宇治住下，大将在这里变身为女性（其实就是回到原本的性别）。这是天大的秘密，京都的人们做梦也想不到。大将是女子，大将要生孩子了！中将既知道无人知晓的秘密，又将大将据为己有，他心里一定扬扬得意。

然而，俗话说"好事多磨"，中将的夫人同时有孕在身，且生产不顺利。于是，中将不得不在京都与宇治之间来回穿梭。在此期间，弟弟（女官）决定做回男性，他为寻找以男性身份失踪的大将（姐姐），也来到宇治。姐弟两人相见后一起前往吉野。

吉野有一位隐士，他在整个物语中发挥着重要作用。正因为住在吉野，他才拥有超越日常逻辑的智慧，能够解读物语发展的来龙去脉。与此人形成鲜明对照的，是姐弟两人住在京都的父亲。他们的父亲从未踏出京都半步，每天拼命祈祷儿女能够得到世俗意义上的幸福，可是单凭他的力量，解决不了任何问题。姐弟俩在身处京都日常世界的父亲与隐居吉野的智慧老者相互交错的爱中，顺利地完成了不可思议的性别转换，开启幸福之旅。

如果除去吉野这个Topos，物语便无法成立。物语的结尾，父亲在梦中得知发生在吉野的事情，故事迎来大团圆的结局。身处日常世界的父亲，必须通过梦境才能实现与吉野空间的沟通。

很多父母都会感叹，自己在孩子遇到困难的时候，不知为他们做了多少努力。有的说自己竭尽所能，有的说自己全力以赴，这都不是假话。但是依照本物语的说法，那些努力如果只发生在京都地域，很难发挥什么效力。若不能与异次元的吉野这一Topos发生联系，事情就无法得到解决。倘若问题仅凭常识就能解决的话，那事情就太简单了。但是反过来说，事情仅凭吉野隐士的智慧也无法取得进展。姐弟两人后来能够各自获得幸福，也得益于京都的父亲所付出的莫大努力。之后，吉野隐士迁往深山，断绝与尘世的往来。

宇治位于京都与吉野之间。如图所示，主要人物的行动中令人印象最深的是中将的移动轨迹。他在京都与宇治之间来回穿梭，频度之高令人眼花缭乱，可是对于吉野的存在，他却一直一无所知。他知道京都无人知晓的天大秘密——大将是个女子，而且他还使她怀上了自己的孩子，将其据为己有。他以为自己什么都知道，却不曾想在最得意的时候被蒙在了鼓里。

我在《换换多好：男与女》中指出，中将是"近代自我"的典型。如前所述，在近代地方神性遭到抹杀。近代以个人为中心，这就意味着我们必须在自己的内部找到那个重要的Topos，在自己的内心找到宇治，找到吉野，并保持与它们的连接。

中将风流倜傥，富于才干，与诸多女性有来往，以为自己能够掌控这个世界，但他对于最重要的Topos吉野，竟然毫无所知。物语结尾处，中将不知到底发生了什么，手足无措，一片茫然。这个结尾非常精彩。在物语里上蹿下跳、左右逢源，堪称故事发展推手的男性，最后却是一副不知所措、失魂落魄的样子，说明事情的发展与这位才华横溢的男子的意志或欲望无关，而是取决于一个与之完全不同的因素。如果我们把中将看作近代自我本身，就会很容易理解这一点。

《换换多好物语》里面，京都、宇治、吉野等Topos的意义极为明确，甚至可以画成图示，而现实中的Topos含义当然不会这么明显。所以，物语中的Topos也不总是可以这样清晰地分开来予以探讨。总之，这部物语对于我们要解释物语中Topos的意义来说，不失为一个最佳的选择。

《浜松中纳言物语》

其他物语中的Topos，其重要性与《换换多好物语》无异，但是它们对于Topos的意义表达均不像《换换多好物语》这般明确。既然每个物语都与Topos有关，若能将它们做成一个图表应该很有参考价值。但是，考虑到图表过于无趣，我决定以《浜松中纳言物语》为例加以探讨，本物语让我在Topos的含义问题上深受启迪。《浜松中纳言物语》中，吉野也作为一个重要场所出现，但物语更大的特点是故事涉及的场所不仅远至唐土，而且还有与Topos相关的"转世"情节。鉴于以上原因，笔者特意选择《浜松中纳言物语》作为研讨对象。

《浜松中纳言物语》现存共5卷，经研究证实尚应有"逸失首卷"，松尾聪通过其详尽的校注与解说，为我们呈现了物语的全貌（以下据日本古典文学大系77，岩波书店，1964年）。

主人公浜松中纳言（当然，主人公小时候尚不称中纳言，方便起见一概使用此称呼）自幼丧父，十分怀念父亲。当他最初发现自己美丽的母亲正在与左大将交往时非常惊讶，可是后来，在与左大将家的交往过程中，他爱上了左大将的长女大姬，尽管因为父母的结合，他与大姬实际上已经形成兄妹关系。在这期间，父亲去世几年之后，中纳言梦见父亲对他说：自己本应往生极乐净土，可是因为记挂着儿子，已转世为唐朝三太子。中纳言急于对父亲尽孝养之意，特向朝廷请假三年，赶赴唐土。他在出发前与大姬喜结姻缘，大姬怀孕，他辞别大姬前往唐朝。

作为日本物语来说，本物语的开头堪称特例。日本男性通常和母亲关系极为密切，本物语的男主人公却与此相反，他与父亲的连接非常紧密，而排斥与母亲的关系。笔者认为，这是导致浜松中纳言后来的行为与其他日本男性不同的一大要因。这里可以看到，对他来说，最重要的Topos是唐土，它比宇治和吉野遥远得多。

前文所述《宇津保物语》（第四章）中，不知究竟为何处的遥远国度之"波斯国"是一个非常重要的Topos，但是它仅仅出现在故事开头。在故事后来的发展过程中，"波斯国"只起到了背景的作用。从异国他乡习来的不可思议的琴声，才是贯彻《宇津保物语》始终的重要元素，作为Topos的"波斯国"几乎毫无意义。

与之形成对照的是，《浜松中纳言物语》的主人公亲往唐土，并在唐土发生极其重要的事件。他暗暗爱上了河阳县皇后，而这位皇后是他父亲转世而成的三皇子的母亲。本场恋爱构成物语的核心故事。

近代以来，地方神性消失殆尽，人们不是从Topos中寻找地方神性，而是力图从人类自身中去寻找。当人们不再通过某个场所寻觅异界的时候，异性对于人们来说就变得十分重要。因此，在西方近代，男女之间的浪漫爱情显得至高无上，无论男女都在异性身上寻找自我灵魂的展现。荣格由此认为，对于男性来说，女性形象是他们灵魂的展现；对于女性来说，则男性形象是她们灵魂的展现。不过我认为，对于人类来说，灵魂的意象未必需要通过异性形象来展现。关于这一点，我在《换换多好：男与女》一书中已有论述。

尽管中纳言与唐皇后的恋爱在《浜松中纳言物语》中的位置也很重要，但它与那些纯粹以个人为中心的、作为个体的男男女女的浪漫爱情相较而言，意趣并不相同。中纳言与唐皇后虽然互相倾慕，却不曾为达成彼此结合而努力。此外，如果三皇子是中纳言的父亲，那么唐皇后就相当于中纳言的祖母，他们两人之间便是祖孙关系。因此，两人的感情不仅仅是男女之爱，还混杂着骨肉亲情之爱，这是一种超越个人意志与欲望的吸引力。所以，他们的结合只有借助超越他们自身意志的佛陀的力量才得以实现。一方面，中纳言受到梦境指引；另一方面，唐皇后"得到难以理解的神谕"，问卜于阴阳师，答曰宜暂且迁居别处。于是两人偶遇，好事乃成。其时其地，中纳言并不知道对方乃当朝皇后。

他们两人的关系在必然的轨迹中发生，对于中纳言来说，这是他在唐土经历的最重要的事件。而它的发生就像一场梦，后来的叙述中提及此事，屡次使用"春夜之梦"来形容。这简直就是异界才会发生的事情，是唯有在唐土这个Topos才会发生的事。

实际上，在这个必然轨迹上出现的唐皇后与日本这一Topos拥有密切的关系。日本对于中国来说，无疑也属于异界。唐皇后的父亲作为唐朝派遣的使者来到日本，娶上野亲王的女儿为妻，他们的女儿就是唐皇后。当年她父亲返回唐朝之际，曾经犹豫到底要不要带女儿一起回去，后来做了一个梦，才终于决定带女儿共同返回唐土。也就是说，唐皇后的母亲是日本人，而她本人是在日本出生的。

日本与唐土

尽管如此，要把故事发生的场所设定为日本和唐朝，依然需要极大的决心。《换换多好物语》的场所最远不过吉野，《浜松中纳言物语》中也有吉野出现，但它仅起到连接京都与唐土的作用。

故事中出现唐土的物语还有《松浦宫物语》，据说其作者为藤原定家。从作品中的描述可以看出，作者对唐朝相当了解，它与《浜松中纳言物语》对唐土充满非人间之境的描述给人的感觉有所不同。《松浦宫物语》里的唐土虽是"异国",但同时也有其日常性。当然,物语中男主人公弁少将同样是在唐土偶遇一女子,并与之结为连理。弁少将邂逅女子时,为其乐音所吸引,此点与《浜松中纳言物语》相同。而且,他与女子的结合也同样借由超越个人意志的力量实现。但是,与其他物语不同的是,《松浦宫物语》用很长的篇幅描写了发生在唐土的战争,这使得唐土作为Topos的意义变得模糊不清。

《浜松中纳言物语》里的唐土具有重要的异界含义,唐土与日本的联系表现在人物的往来上。首先是作为唐朝派遣的使者从唐朝来到日本的男子,在日本与当地女子结婚,并带着女儿回到唐朝。与此相对(关于转世之事容后再论),浜松中纳言渡唐,在唐土与唐皇后暗度陈仓,后来带着儿子回到日本。人物的行动呈现出一定程度的对称性。

皇后的父亲当初犹豫是否带女儿回唐朝时,梦中有神灵告知:"速去!此女将为彼国皇后,当保你归途平安。"他依言行事,后来女儿果真成了河阳县皇后。当唐皇后因为不知该如何处置她与中纳言的儿子而苦恼,含泪入睡的时候,梦中有人对她说:"此子非此地之人,乃日本国之干城,速送其父处。"唐皇后照做无误。

日本与唐土之间的关系,是通过重要人物的往来将两地连接起来的,并且每次交往均有孩童相伴。梦中的指示十分明确,而做梦的人也总是依梦行事,这是本物语的一大特点。也就是说,日本与唐朝的联系只有通过梦的智慧才能得以保持。关于中纳言之子乃"日本国之干城"的预言在物语中未及实现,有人因此对作品的完整性提出质疑。但是,唐皇后转世日本之事——后面我们还会讲到此事——同样悬而未决。我认为此物语本身是完整的,它正是用以上诸事尚待实现的方式为物语画上了句号。

中纳言回国后去探望住在吉野的尼君①，并对她的女儿心生爱慕之情。但他遵守吉野圣僧训诫②，对小姐规规矩矩，倍加呵护，却不曾想半路杀出个式部卿亲王，将小姐强行带走。中纳言想尽办法四处寻觅，但小姐一直杳无音信。

从Topos论的角度来说，这一事件别具深意。中纳言与唐土关系密切，并因此又与吉野发生深切关联。唐土皇后之死与吉野尼君之死，他都是通过梦境得知，可见他与Topos的联系比别人更加密切。然而，对于发生在京都的这件最重要的事情③，他却毫无头绪。小姐失踪以后，他没有在梦中得到任何提示，因为这不是可以通过梦境弄明白的事情，他必须自己去"思考"有哪些人可能会夺走小姐，以及如何做才能找出这个人。但他根本不具备这个能力。

类似的事情倒是常见。那些对世间万象很有研究的人，还有那些从事极具创造性工作的人，有时候对于常识性的东西，或者稍加思索就能明白的东西反而毫无概念。也有些人像式部卿亲王一样，在京都施展阴谋诡计，如鱼得水，却因为与吉野及唐土没有任何连接，对于好不容易抢夺来的女子，最后也不得不放手。高深的智慧与浅薄的聪明难以并存。

具有高深的智慧并不意味着可以过得幸福。中纳言由梦启知晓许多关于吉野和唐土的事情，却并未因此获得幸福。他对人生的感慨应是"世事不出所料"，最后时刻，大概他最想说的一句话，就是"さるべきにや"④吧。

---

① 这里的尼君，指的是唐皇后的母亲，已出家。此处其女儿指的是唐皇后同母异父的妹妹。
② 吉野圣僧告诉中纳言，小姐20岁之前不宜结婚，否则会有不幸发生。
③ 指的是式部卿亲王掠走唐皇后异父妹妹一事。
④ "さるべきにや"是"世事不出所料"的古日语，中纳言时代的表达方式。

转 世

　　物语开头部分中,浜松中纳言挚爱的父亲死后转世唐土一事,将他与唐土连接在一起。物语以中纳言的恋人唐皇后转世到日本的预言作为结束,使他与唐土的联系更加紧密。利用转世的形式将两个Topos联系起来的方法的确非常巧妙。

　　何谓"转世"?自古以来,日本人认为人死后灵魂去往山的另一边(常世国),而后不久即可复活,再回到人世。在阿伊努族的信仰中,也可以看到自由而频繁地往返于人的世界与神的世界(彼世)的现象。佛教传到日本后,这种转世信仰与佛教顺利融合,因此中世的日本人十分相信转世一事。

　　如何接纳自己的死亡是人类的一个重大问题。人们很难接受自己会消失得无影无踪,而是希望自己能在某种意义上永远存在下去。这既是人之常情,也是自古以来许多宗教的主旨。所以,日本人也非常相信转世一事。不过在现存的王朝物语中,很少能看到这一主题,仅见于《浜松中纳言物语》与《松浦宫物语》。

　　且不论转世是否真的存在,当我们把它作为一种心理真实来看时,它颇具研究价值。因为现代人在心灵的深层,也会产生类似信仰转世的效果。

　　这里我们对此不做深入探讨。当今在美国,有一种前世疗法(reincarnation therapy)(布莱恩·L.华斯著,山川纮夫、山川亚希子译:《前世疗法》,PHP研究所,1991年),通过让患者进入催眠状态,唤起他们过去的记忆。在唤起出生时的记忆之后,进一步诱导他们说出比那更早的记忆,这时候,有的人就会突然说出有关前世的记忆。比如说自己曾经住在中世纪的欧洲,和什么样的人住在一起,从事什么样的工作,等等。当患者意识到原来自己目前的状况乃源于前世的经历，则从此心中不再纠结，症状也随之消失。《前世疗法》的作者非常谨慎，他没有提及人是否真的有前世，只是说这种体验对治疗很有效果。

我在解析梦境的过程中也有相似的经历。随着梦境解析的经验越来越丰富，有时候我会遇到一些人，他们说梦到自己生活在一个与现实世界完全不同的世界里。他们在描述自己的梦境时，会用比如"我是江户时代的武士"这样的说法。这个时候，我对他说："要是你把它看成自己的前世，那还挺有意思的呢！"对方会回答我说："你别说，这反倒能理解了。"

"能理解"对于每个人的人生来说，都是至关重要的问题。作为一个心理治疗专家，我治疗的患者大多是一些经历了太多"无法理解"的事情的人，比如，为什么单单自己这么不幸？为什么自己的母亲死得那么早？为什么明明医学检测身体健康，却还是总被头痛折磨？现实状况已然很痛苦，"无法理解"则使得痛苦愈加深刻。甚至有人觉得"只要能让我理解，我就能忍耐下去"。

现代人为了"能理解"，力图在自己有限的经验与知识中寻求因果关系，于是把自己目前困境的原因归结为"父母不好""社会不好"等等，但这并不是真正的答案。真正的理解，必须超越理性的因果逻辑，对整体的自我存在产生"原来如此"的认识。真正的理解是极具个体性的东西，无法通过基于普遍原则的解释达成。因此，对于某个个人来说，当他明白了自己的前世与自己目前状况之间的关系之后，便可做到超越理性解释的理解与接纳。也就是说，他会感受到自己超越了眼前所见的事物与知识，而根植于那些更加伟大的存在之中。

相信转世的另一重要益处，是可以更加深刻地认识到自己与他人或其他生物之间的相处模式。据说《浜松中纳言物语》的作者在她的另一部作品《更级日记》中，记述了关于大纳言的女儿转世为猫的故事。转世使得人与猫的关系骤然发生变化，猫对人来说，不再单纯是一只动物，两者的关系立刻变得密切深厚。

即便弄不清楚周围的生物到底是由什么转世而成，但是只要人们觉得，它说不定是某个人的转世，便足以让我们与其他生物的关系变得更加密切。明惠上人见到死去的马，想到它也许是自己父母的轮回转世，而没有草率对待。

现代人认为个体是独立的存在，崇尚以个人为中心，结果导致关系丧失的痛苦。孤独是一种现代病，其结局便是孤独地死去。实际上，个体的人并不如想象中那么自立或独立，而是与其他的人、生物和事物相互深度依存。所谓自他之间的区别也非常模糊，根本不像现代人所认为的那样清楚。把自己周围的事物看作轮回转世的结果，最恰切地体现了古人对于紧密关系的感受。

有关心理学方面的探讨到此为止，我们重新回到物语上来。浜松中纳言年纪尚幼时父亲去世，对他来说，这必定是个难以接受的事实。不过，好在他还能见到转世之后的父亲。这里值得注意的是，唐朝三皇子一方面作为孩子举止幼稚，另一方面作为父亲言语成熟，两者交错存在。想必浜松中纳言一定是一会儿把三皇子当作"父亲大人"，一会儿又觉得"这孩子真可爱"。

转世信仰可以帮助人们避免陷入把孩子绝对当成孩子的陷阱，有时候，孩子们其实拥有老者般的智慧。有些人把自己看作大人，认为孩子就是孩子，对彼此予以绝对性区分，这样的人无法真正体会到与孩子相处的快乐。男女之间的区别亦同此理，今世为男性，前世未必是男性；今世为女性，前世未必也是女性。

浜松中纳言好不容易与唐皇后结下情缘，最终却只能带着他们的儿子回到日本；回到日本之后，因为唐皇后的关系，他结识了吉野小姐，本打算与她成婚，却不曾想被式部卿亲王横刀夺爱，他在此世屡屡遭遇无常之事。但是，通过梦境，他知道唐皇后将转世为吉野小姐的女儿。由此可见，在与深层世界的连接这一点上，他达到了超乎寻常的程度。

物语的主旨

作者通过《浜松中纳言物语》到底想要表达什么？据说《更级日记》这本书与《浜松中纳言物语》是同一作者，通过对这两部作品中的梦境加以比较可以发现，它们都在提醒人们，梦的体验有多么重要。关于这一点，后面我们还会详细探讨（第九章）。

进一步地说，《更级日记》的作者如其日记所示，她的一生在世俗意义上称不上幸福，但她通过梦境所了解的世界却是非常深刻又含义深远。人们总在努力地追求幸福，却不知这是白费力气。一切发生的背后，都有一种或可称为"事物的流变"的无法撼动的伟大力量在发挥作用，人类根本无法与之对抗。只有与这种流变形成某种连接，认识到它的存在的时候，人们才能真正理解自身的处境，获得心灵的安宁。梦境则是人们到达这一深度的媒介。以上或许就是《更级日记》的作者基于自己的实际体验想要表达的见解。

可是仅仅通过"日记"的写作，并不能让她觉得满足，她决定采用"讲述"的方式尽可能地将自己的体验表达出来，于是，有了《浜松中纳言物语》的诞生。或许有人觉得书中梦境与现实的结合过于直白、紧密，我却认为这恰恰是作者想要强调的地方。只不过此处的"现实"乃是心灵深处的现实，体现在物语里，它就是发生在特殊的Topos中的现实。对于作者来说，将唐土这样与京都相距遥远的场所纳入故事，实属必然选择。因此，梦境中体现出发生在吉野或唐土的各种现实，也可谓理所当然。

每个人都有自己独特的人生物语，同时每个时代，均会存在一个具有普遍性质的物语。以当今社会而言，从东京大学毕业——当上官僚——成为政治家——成为国家的高级官员；或者从名校毕业——进入一流企业——成为企业骨干；等等，便是约定俗成的人生物语。在这条路上勇往直前的人，不太关心其他的物语。这样的人，估计也不怎么读小说。

对于王朝时代的男性来说，官位晋升就是普遍物语。最高的官位是太政大臣，要做太政大臣，必须要首先成为天皇的外祖父。对于女性来说，最高理想是成为皇后或女御，当自己的儿子继位成为天皇时，这个女性就会被称为"国母"。

《浜松中纳言物语》的作者与上述人生物语无缘（这一时期的物语作者，均为人生偏离了或者不得不偏离上述约定俗成的物语路线的人）。如《半夜醒来》所示，这一时期的物语最常见的模式是：男女主人公们在上述晋升的路途上一帆风顺，却都不能顺心如意地与自己相爱的对象终成眷属。也就是说，它告诉人们，男女主人公除了顺应超越自己意志与欲望的大趋势之外，别无他法。从这一点上来说，本物语中的主人公虽然做到了中纳言的官位，但是在之后故事的发展过程中，再也没有晋升过，自始至终一直都是中纳言（乃至物语因此而命名），这是极为罕见的。

这说明本物语的焦点在于梦的体验，即心灵深层的体验，而世人瞩目的官位升迁，根本不在它的考虑范围之内。浜松中纳言在男女爱情方面屡屡不能如意，可谓不幸。但是，他与一般人所不知道的特殊Topos有着深厚的联系。他的儿子会成为"日本国之干城"，曾经的恋人也会转世到日本，这些预言架构起他的人生图景。如果说，这也是一种幸福的话，足可称作莫大的幸福。

综上所述，我们可以看出，作者通过《更级日记》所表达的主题——表面看来并不幸福的人生之中所蕴含的莫大安心感，被原封不动地通过《浜松中纳言物语》讲述出来。

第八章
紫曼荼罗试论

解读《源氏物语》

　　首先就本章的写作原委与意图聊作说明。本章要阐述的是笔者对《源氏物语》的个人见解，之所以称为"试论"，是因为笔者很清楚自己对国文学过于生疏，不曾阅读必要的文献资料，在此只是以这种形式暂且将想法框架呈现出来，希望在各位专家批评指正的基础上，再把它做成更加坚实的研究正式发表［拙著《紫曼荼罗：源氏物语的构图》，小学馆，2000年（《源氏物语与日本人：紫曼荼罗》，岩波现代文库，2016年）］。

　　或许有人会说，你一个外行，何苦多此一举？其实事情是这样的。说来让人难为情，此前我从未读完整部的《源氏物语》（包括现代语译本）。年轻的时候曾经挑战过现代语译本（记忆中似乎是与谢野晶子的译本），结果只读到《明石》卷便放弃了。当时，我深受西方浪漫爱情的影响，可是光源氏与他周围女性的恋情无一称得上浪漫，失望之余，继续阅读下去的兴趣便丧失了。

　　在那时的我看来，通读《源氏物语》是不可能完成的任务。后来，随着对日本文化的兴趣越来越浓厚，以《换换多好物语》为切入点，我开始阅读王朝时代的物语作品。1995年春，我有两个月在美国普林斯顿大学做客座研究员，那时决定通读《源氏物语》。得益于当时身在海外，我能够全神贯注地攻读此书。也得益于其时年龄已过甲子，比中年时更多几分对作品的理解。

随着阅读的深入，我觉得光源氏作为物语的主人公，人物个性缺乏整体统一性，人物的重要性也随着故事的发展不断递减。与此同时，在光源氏的背后，我看到一个坚定的身影——物语的作者紫式部。不知不觉间，《源氏物语》在我的阅读意识中变成"紫式部的物语"，而物语中登场的无数女性，都是紫式部的分身。

到了"宇治十帖"①，这种感觉更加明显，一心一意在创作中求索女性人生之路的紫式部的形象跃然纸上。当我读完的时候，竟然兴奋得睡不着觉。一千年前，在欧洲尚处于未开化的时代，居然就已经有人对女性"个体"的存在孜孜以求到这种高度，令人惊叹。正是那个时代日本的特殊状况，才造就了这部伟大的作品，它是真正由女性创作的关于女性的物语。

普林斯顿大学的图书馆藏有丰富的日本文学相关书籍，我读了许多关于《源氏物语》的解说，却没有发现任何与我的想法相同的见解。当然，尽管如此，那些知识依然让我受益匪浅。

我在普林斯顿大学期间，读到艾琳·戈登用英语写作的论文《〈源氏物语〉中的死亡与救赎》（Aileen Gatten, "Death and Salvation in *Genji Monogatari*", Michigan monograph series in Japan studies, No.11, Center for Japanese Studies, Univ. Michigan, 1993），觉得此文颇

---

① 《源氏物语》共54卷，最后10卷故事发生的地点主要在宇治，故称"宇治十帖"。"帖"意即"卷"。

有见地。她注意到，《源氏物语》中对人物的死亡场景加以描述的女性角色，仅限于藤壶、紫上和大君三人，论文以此为中心展开论述。当我们把她们三人看作存在于紫式部精神深处的女性时，藤壶—紫上—大君这条线便提示了一种指向。在与男性的关系中，藤壶给人的感觉极不安定，紫上稳定在与一个男性的关系上（虽然也有遭人嫉妒的危险），大君则不想生活在与男性的关系之中。紫式部在她所创造的诸多分身中，似乎对此三人格外用心，才会连她们死亡时的情景也予以描述。因此，她们三人与男性关系的变化具有特殊的含义。戈登当时恰巧在普林斯顿大学集中授课，使我得以有机会与她进行深入探讨［A.戈登/河合隼雄的对谈《源氏物语（1）：紫式部的女曼荼罗》，收录于《续·谈谈物语》］。当时，我把自己的上述看法和盘托出。

回国后，看到濑户内寂听所著《女人源氏物语》（全5卷，小学馆，1988—1989年），觉得她的根本思想与我的观点不谋而合，于是邀请她展开对谈（濑户内寂听/河合隼雄的对谈《源氏物语：爱与苦恼之余的出家物语》，收录于《续·谈谈物语》）。对谈甫始，濑户内寂听便说道："本书虽然叫作《源氏物语》，但是源氏本身给人的印象并不深刻。读来读去，也无法构建出源氏的具体形象。（中略）源氏这个人，说到底就相当于旁白啊！"这句话让我十分激动。她还说："《源氏物语》有趣的地方，是那些一度被认为或无聊或柔弱或淫乱的女性，烦恼至极毅然出家，结果在精神高度上瞬间远超源氏，这一点十分精彩。"这些见解与我后文叙述的观点完全相符，令我受到极大鼓舞。

还有一件事情让我更坚定了自己的观点，那就是荣格派女性分析学家的两部著作被翻译成日文出版。现代人对于女性的看法乃基于父权意识，荣格派的女性分析学家产生了一种新的动向，她们力图从"女性角度"重新审视这一问题，于是有了其中两部重要著作的日文版的问世。我应邀为其写序，读了译本，深感受益匪浅，也坚定了我认为《源氏物语》是"女性创作的关于女性的物语"的想法。下节对此详述。

不过，真要写一些关于《源氏物语》的东西，只是想想那些多如牛毛的先行研究，便很难让人有信心提笔。就算只看那些主要的资料，于我而言也是余命不足。正当我犹疑不定的时候，接到参加《源氏物语》杂志座谈会的邀请，使我有机会向三田村雅子、河添房江、松井健儿等几位源氏研究的专家讨教（河合隼雄、三田村雅子、河添房江、松井健儿：《源氏物语 心灵探寻》，《源氏研究》第4期，翰林书房，1999年）。在对谈过程中以及其后的杂谈中，我都讲了我对《源氏物语》的上述解读，他们三人认为我的想法很有意思，鼓励我把它写出来，并说在先行研究方面可以给我支持。我备受激励，于是才有了这篇试论。

说了这么多，或许看上去像是在为自己辩解，但我只是想请大家了解事情的来龙去脉，知道本稿记录的是笔者作为一个《源氏物语》研究的外行，在不熟悉先行研究的情况下，对《源氏物语》的一些见解。另外，我作为心理治疗专家，一直关注现代女性的生活方式问题，这也是促成本稿的一个重要因素。借助《源氏物语》，我会论及现代女性——甚至包括男性——的生活方式问题。

女性与男性

《源氏物语》描绘了男性与女性之间的爱恨情仇，甚至可以说这就是它的主题。不过，如前所述，对我来说，其中的男女关系无论如何都称不上"浪漫"。大多数情况下，尤其是在男女初次发生关系的时候，其实称为"男性侵入"更加合适，而浪漫的爱情故事毋宁说是以不发生性关系为前提的。对于日本王朝时代的男女来说，在发生性关系之前，从男性方面来说，要么只是窥见过一点点女方的身姿，要么根本不曾见过女方；从女性方面来说，基本不曾有过与男方谋面的机会。而且，他们的关系是从性关系开始的，即便是"正式"结婚，也只能在三天后才真正面对面相见。这种关系的本质究竟是什么？

对这种状态，男性可能觉得没有什么不妥。可是，女性会作何感想？

不同的文化、不同的时代会有不同的生活模式，人们生活于其中，只要不对它抱有疑问，就不会去创作什么物语（或文学作品）。抑或虽然有些许存疑，但是倘若不具备自己亲手创作物语的"个体"能力，那么最多也只能向周围的人发发牢骚而已。

平安时代，会写文章的男性基本都进入官僚体制，没有兴趣创作物语，即便有男性写物语，那也只能算是特例。女性方面，那些跻身于既定模式——与高贵的男子结婚，或者嫁给天皇，生下皇子，盼望儿子成为太子——的人，也不会去创作物语。只有像紫式部这样，一方面从出身来说不可能进入既定模式，另一方面无论在学识方面还是经济能力方面均可自立生存，同时具备这两个条件的人，才能进行物语创作。从全世界范围来看，这都是近乎奇迹的一件事。

然而，当具备充分"个体"能力的紫式部，以"女性角度"来观察现实时，却并未将她冷静的目光停留在"男性侵入"以及男性极其任性妄为的举动上，其原因何在？鉴于当时对于男女关系以及性的理解与当今社会存在巨大差异，笔者认为，像浪漫爱情这种产生于欧洲中世纪的男女关系，对于我们深入理解《源氏物语》中的男女关系，毫无助益。

我认为，在如何理解王朝时代的男女关系的问题上，"圣娼"制度可以助我们一臂之力，此想法是在荣格派女性分析学家南希·夸尔斯-科尔维特的著作《圣娼》的启发下产生的（高石恭子·菅野信夫译，日本评论社，1998年）。她认为，现代人看问题的角度和思维方式过于倾向父权意识，因此，我们有必要从更加倾向于母性意识的角度来审视。唯有如此，现代女性才能获得全人[①]生活。

古时候，作为植物生命的再生仪礼，人们会举行"圣婚"仪式，其中的神圣新娘由未婚女性担任。"圣娼"即来源于这一习俗，并在农耕社会中以多种形式广为分布。圣婚仪式体现了对大地母神的信仰，仪式本身试图再现伊什塔尔（或阿斯塔蒂）等大地母神与恋人之间"圣婚"的场面。进入圣殿的少女，将委身于路过那里的陌生男性。此行为的意义，在于它彻头彻尾地贯彻了女性原则，男性始终只是一个配角。

日本作为农耕民族为主的社会，大概也曾有过"圣婚"或与之相似的制度。生活在这种制度下的古代人，几乎没有我们现代人所谓的"个体"意识。农作物丰收乃是整个部族的愿望，圣婚仪式是神圣的，全体成员均须参加。因为仪式的意义在于它的集体性而非个人性，男女双方互不相识则成为必然要求。而且，通过"圣婚"仪式，人们执掌了植物"死亡与再生"的秘密过程。

随着男性意识的抬头，圣娼制度逐渐消亡，犹太教严禁圣娼就是一个典型事例。而在基督教文化圈中，灵（spirit）与性（sexuality）完全分离，性与身体被贬为俗物。

[①] "全人"包含身体、精神、社会地位三个方面。

日本的情况较为复杂。基督教文化圈的那些国家，背靠在天之父的神力，父性原理渗透到生活的每一个细节。与之不同的是，日本虽然也是父权越来越强，但尚未渗透到人们的意识领域。在意识领域，毋宁说反而是母权意识占据优势（即便在现代也是同样，正如我屡次在其他地方所提到的）。

平安时代，完全的父权制度尚未建立，还包含着大量双系①性因素，人们在心理上仍然具有强烈的母性意识。对我们来说，要对这种时代状况下的男女关系感同身受，几乎是不可能的。不过可以推断，当时男女关系的背后，应该有类似"圣娼"的东西在发挥作用。这个问题讨论起来比较复杂，本稿不及详论，割爱从简。总之，我认为，陌生男性的侵入，对于当时的女性来说，虽然伴随着痛苦，但是她们仍然把它作为成年礼，作为一种超越个人的神圣体验来接受。对她们来说，之后的性体验，也不是与灵相分离的，而是被认为与灵融为一体的。

那么，当时的男性是如何看待性体验的呢？对于男性来说，个人性的关系与超越个人性的关系、性的关系与灵的关系，都不如女性那样容易融合，但也不至于像基督教观念束缚下的现代人那般分裂。

随着社会形态逐渐固定，男性深受社会制度的制约。而且，男人的性欲比女人更加直接和难以把控。男性的烦恼不一而足：是跟随身体的感觉为所欲为，还是以社会地位为重；以获得和保全自己的地位为目的来缔结男女关系，还是重视在精神层面上的结合？……尽管如此，在那个时代，灵与性的分裂和现在相比程度尚浅，男性的好色行为仍被赋予了一定的价值。大致说来，《源氏物

---

① 双系，指的是父系和母系。

语》就是从这样的男女关系之中诞生的。

女性的物语

母权时代，男性在女性的人生中没有多少存在意义。女孩长大会成为母亲，至于帮助她成为母亲的那位男性是谁，这一点并不重要，只要女孩能做母亲就好。她只需在大地母神的护佑下度过自己的一生，留下代表自己"再生"的女儿，最后化归泥土（图2）。

后来，世界上出现了主张父权的男性，他们依靠强有力的手腕，不断扩大权力范围。女性不再是仅仅被简单地划分为母亲—女儿，而是根据其与男性的关系，又形成了妻与娼的分类。父权势力的强大，使得男性活跃在军事、政治、经济等各个社会领域。男人的世界被依此分类，女性从此退居幕后。所以，图3只体现了女性分类，而没有女性职业。也就是说，女性的身份是由她与男性的关系来决定的。对男性来说，她到底是他的母、女、妻、娼中的哪一个，便形成了她的身份（图4）。与此相反，男性的身份更多地取决于他的社会地位或职业，而他与女性的关系则无足

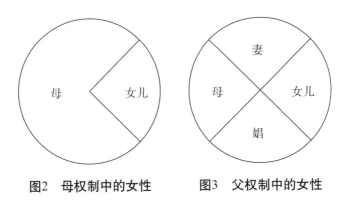

图2　母权制中的女性　　图3　父权制中的女性

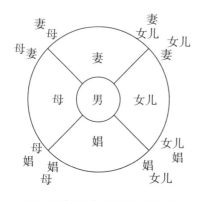

图4 父权制中的男性与女性

轻重。

不过在平安时代的男性身上，这一点还没有明确地体现出来。贵族社会无军事，与其他文化中的男性相比，平安时代的男性更多地生活在与女性的关系之中。因此，好色行为是他们人生的重要组成部分。

紫式部与同时代的人相比，有着强烈的"个体"意识，并且智识过人，但她在一定程度上受到时代的制约，也是无奈之事。当她观察作为"个体"的自身时，发现自己体内实际上住着许多个女性，她所体验到的个人，乃是一个女性群像，这与父权意识下的"个体"概念存在巨大差异。

现代女性的"个体"概念建立在父权意识的基础之上。前述科尔维特等荣格派女性分析学家指出，女性只有通过投身于帮助确立父权意识，才能获得与男性同等的地位，而这将会导致极其严重的灵与性的分裂，引发极端的孤独症状。

对于紫式部来说，发现"个体"的途径，就是描绘她体内的女性群像，《源氏物语》中登场的女性均为她的分身。因此，把所有女性放在与男性的关系中来描绘是最合适的，于是她设计出了一个以与这群女性的关系为生活重点的男性角色——"光源氏"①（当然，"宇治十帖"另当别论）。

---

① "光源氏"即源氏，为同一人。

紫曼荼罗

　　光源氏虽被称为"理想的男性",却与作为人生目标的"理想"毫无干系。如前所述,作为诸多女性的感情对象,光源氏必须具备普通人所没有的特质,因而带有非现实性。人们是否因此才产生误解,而冠之以"理想的"呢?在具备多种属性这一点上,他几近于神;但反过来说,也可称他为"最高级的便利店"。如果我们意识不到这一点,仅仅把他看作具有固定人格的普通人的话,便会对他的狡猾心生厌烦。很多美国读者十分讨厌光源氏,就是这个道理。笔者年轻的时候,以同样的心态阅读《源氏物语》,也一样读不下去。

　　光源氏是作为一个特殊人物登场的,不过,作品人物具有脱离作者意图自主行动的倾向。作者与人物的斗争,有时会使作品更加精彩。作品的这种倾向比较强烈的时候,比起物语更接近于小说。《源氏物语》中也有显示出此种强烈倾向的章节,比如源氏对玉鬘的感情即是一例。

　　此话题暂且到此为止,不做深究。《源氏物语》从开头到《幻》卷①,与其说紫式部描绘了她自己的分身,不如说她描绘了自己的"世界"。为了达到目标,她特意把光源氏这位男性放在中间,完成了一个曼荼罗,从这个角度可以比较清晰地把握物语的整体结构。紫式部本人一定在精神内外经历了各种事情,具备母、女、妻、娼所有体验的紫式部,把光源氏这一男性形象放在中心位置,通过与他相关的事项来揭示她自己的"世界",我把它称为"紫曼

---

① 《幻》,日文原卷名,丰子恺译《源氏物语》中此卷名称为《魔法使》,特此备注,以方便读者查看。

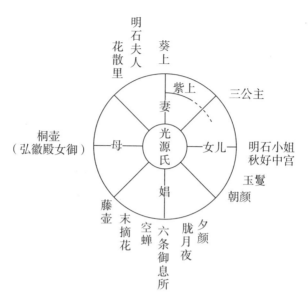

图5　紫曼荼罗

茶罗"。

图5表现了《源氏物语》中以光源氏为中心的女性人物的位置，与光源氏无关的女性不在此图中。

首先，在母女这两条轴线上，将桐壶放在母亲的位置，明石小姐放在女儿的位置实属理所应当。在紫曼荼罗中的所有女性里面，只有她们两人与源氏有着明确的亲子血缘关系。其中值得注意的是，明石小姐与秋好中宫的关系，后者虽然与源氏没有血缘关系，也算作他的"女儿"，当然其含义与真正的女儿有所不同。秋好中宫是六条御息所的女儿，因而承继了源氏对六条御息所的一部分情感。所以，秋好中宫的位置比起女儿的轴线，更靠近娼的轴线。源氏的这种内心情感也同样体现在朝颜与玉鬘身上。

笔者把弘徽殿女御的位置安排在源氏的母亲桐壶旁边。当然，弘徽殿女御既不是源氏的生母，也没有扮演他母亲的角色，反倒是作为源氏敌方的"母亲"如实表现出"母性"对于他人来说所具有的极大否定意义。我认为，作为住在紫式部世界里的女性，弘徽殿女御体现了"母亲"的本质，因此将她放在目前的位置。

在妻与娟的轴线上，我分别放了葵上与六条御息所。至于葵上是源氏妻子一事，当无人会提出反对意见。至于应该把谁放在娟的位置，则是仁者见仁智者见智。首先，我认为六条御息所与葵上存在明显的对立关系，而后述其他的"娟"，要么偏于母亲的区域，要么偏于女儿的区域，所以把六条御息所放在娟的轴线上最为合适。其次，对于那些与源氏之间存在性关系的女性，到底应该划分为妻还是娟，可能也会有不同意见。在这里，笔者以她们是否与源氏共同居住作为区分标准，将紫上、明石夫人、三公主、花散里放在妻的区域，其他人则放在娟的区域。

首先来看妻的区域。花散里虽然是妻，却发挥着母亲的功能，所以我把她放在最靠近母亲轴线的位置。与之相反，三公主的位置则在这一区域中最靠近女儿的轴线，而明石夫人略微偏向母亲的轴线。尽管这样做似乎有些勉强，却能各归其位。不过，紫上是个例外，很难确定她应处的某一点位置。她涵盖范围较广，先是作为"女儿"出场，葵上死后登上妻子的宝座，但又不像葵上那样，拥有社会公认的稳固的"妻子"身份。她虽然在心理上是源氏的妻子，可是与源氏相处时，时而像女儿，时而像母亲，有时甚至像娟。

紫上的这些特点，或许恰好反映了她是与紫式部最具一致性的人物。紫上虽无子嗣，却是明石小姐的养母。总之，她是一个覆盖紫曼荼罗所有区域的人物。尽管如此，紫式部并未满足于只创作这一个人物，只有通过图中所有女性呈现出的群像，才能诠释她的整个"世界"。

再来看娼的区域。物语开头部分出场的空蝉和夕颜均应放在娼的位置，而且她们两人具有一定程度的对照性。夕颜顺应源氏，一切听凭他的处置；空蝉则有成年人的主见，尽力躲避源氏。由其对照性来看，夕颜偏向女儿的轴线，而空蝉偏向母亲的轴线。居于此区域中间位置的，是六条御息所。后来，夕颜被疑似六条御息所的生灵①所害，命归黄泉，空蝉则出家，她们两人的结局也具有对比性。胧月夜小姐给人的感觉，既不偏于母亲也不偏于女儿，但考虑到此人靓丽活泼，于是我把她放在略微靠近女儿轴线的位置。

把末摘花放在离母亲轴线较近的位置应该是合适的。源氏之所以会对她表现出母性般的温柔，是因为她身上具有这种反向付出的母性，这正是源氏非常需要的。花散里与末摘花存在类似的共同属性。比较特别的是藤壶，她的社会性身份是源氏的继母，但在心理上，源氏并未把她看作自己的母亲。鉴于此，我把藤壶放在靠近母亲轴线的娼的区域内。虽然她与末摘花的位置很接近，但是含义迥然不同。

藤壶后来出家，这与处于她相对位置的三公主形成呼应。她们两人的出家作为后面浮舟出家的前奏，意义重大。借由源氏，她们明白了此世"悲苦"，希望通过远离源氏来保全此生。

女儿区域中的明石小姐和秋好中宫，前文已经讲过。相对于她们两人，同为女儿角色的玉鬘地位比较微妙。开始的时候，源氏把玉鬘作为"女儿"接到自己身边。后来，源氏的情感逐渐发生变化。随着他把原本像女儿一样抚养的紫上带入妻子的世界，他开始希望玉鬘能够进入娼的世界，与紫上相辅相成。然而事与愿违，玉鬘最终成了髭黑大将的夫人。

---

① 生灵，指的是人活着的时候灵魂出窍，祸害他人。

在玉鬘之前出场的还有朝颜斋院，她是一位罕见的对源氏秉持拒绝态度的女性。从名字可以看出，她与夕颜形成对比。她的位置较难确定，我把她放在靠近"娟"轴的"女儿"区域内。关于玉鬘内心对源氏到底是怎样的感觉，虽然在物语中没有明确的表现，但我认为，她与朝颜两人都是人到中年的源氏所遭遇的"情感滑铁卢"的女主角。

因此，如图5所示，尽管差强人意，我以光源氏为中心，将与他相关的女性人物各归其位。如前所述，这不是光源氏的世界，而是紫式部的世界。只不过，当她描绘自己的世界的时候，她觉得通过与光源氏的关系去描绘最为合适，于是把他作为"假借之物"置于中心。如果能够更加详细地探讨图中女性的性格与她们的相互关系的话，我们就可以更深入地了解这个曼荼罗的意义，此处不及详论。

从这些女性意象的变化来看，紫式部逐渐将表现的着力点转移到那些与光源氏断绝关系的女性身上。对于葵上和六条御息所来说，如果没有光源氏，她们便会失去人生的意义。正因如此，她们才会故意地要么冷淡他，要么时常妒火中烧。紫上是怎样的呢？对她来说也一样，光源氏就是她的一切。但是在她人生的后半段，紫上一直希望可以出家。前面提到过，藤壶与三公主最后皆出家，还有像朝颜、玉鬘这样尽力避免与源氏发生关系的人出现。这些变化，意味着紫式部在思索自我"个体"的过程中，逐渐意识到与男性无关的自我的存在。

若要深入探索这一点，则源氏必须死去。将女性作为一个个体来看待，而不是把她们放在与光源氏等男性的关系里来考虑时，她们应会度过怎样的人生？"宇治十帖"的写作目的，正是为了寻求这个问题的答案。

作为个体的女性

关于作为个体的人的自立性,在父权意识较强的情况下,比较倾向于认为作为个体的自己是与他人割裂的,从而确立了不依存于他人的自我。如果我们不假思索地接受这个观念,就会把依存当成自立的敌人,进而极力避开对他人的依存。但避开依存是不可能的,无论男女,想要走上这条自立之路的人,最终一定会通过使别人隶属于自己来确保自己实现表面上的自立。为了加强父权意识,男性会在表面自立的基础上,于生活中迫使妻、娼、女(有时为母)皆隶属于自己。而女性则会与男性对抗,通过成为母亲使男人隶属于自己;或者即便身为妻、娼、女,也要想方设法使男性从属于自己;抑或主张女性与男性平等,并因此陷入极其孤独的自立。这样的女性也被称为"父之女"。

能否确立一种依存但不从属、自立但不断绝关系的"个体"呢?我不是说紫式部创作本物语的时候已然意识到这个课题,不过我认为,她在与当时的时代与文化制约的斗争中不断探索,力图找到一种既与男性保持着各种各样的关系,又能不从属于男性的自我"个体"(one for herself)的存在方式。正是这种探索,使得她必然将"宇治十帖"的故事设定为发生在源氏去世之后。

值得注意的是,"宇治十帖"的物语主要发生在宇治这片土地上。前面我们讲了物语中Topos的重要性(第七章)。作者为了明确揭示出它与京都日常世界的不同,而特意使用了"宇治"这个地点。因此,住在这里的八亲王的女儿们,与前面那些处在与光源氏的各种关系中的女性们相比,自然会在某种意义上存在不同。

与八亲王的女儿们发生关联的,是匂宫与薰君这两位男性。匂宫与薰君身份高贵,与光源氏关系密切。匂宫是源氏的女儿明石中宫的儿子，即源氏的孙子。薰君表面上是源氏与三公主唯一的儿子，但实际上，他是三公主与柏木私通所生。"宇治十帖"之前的故事仅仅围绕光源氏一个人展开，这里为什么需要设定两位男性人物呢？笔者认为，在"宇治十帖"之前，作者是把女性放在与男性的关系中来探索的，而"宇治十帖"不再以与男性的关系为中心来审视女性，所以不再需要光源氏这种非现实性的人物，它需要的是更有现实感的男性。也就是说，作者把源氏身上难以统一的两个侧面，分成了两个不同的人格。

研究者们屡屡提及匂宫与薰君在性格上的对照。匂宫风流倜傥、行动力强，作为一个好色之人，与众多女性发生关系。与之相对，薰君性格内向、多疑，少行动多思虑，总是顾虑重重。此二人来到宇治，故事从薰君爱上八亲王的长女大君开始。

薰君对大君的感情可谓一片赤诚，然而大君却总是避之不及。作者首先呈现给我们的是一个试图生活在与男性关系之外的女性的形象，只不过她对于男性的关系过度排斥。大君就是如上所述"父之女"，她全盘继承了父亲八亲王的人生观。对于父亲灌输给她的有关男女关系的观念，她不想做任何改变。八亲王认为，女性一旦陷入男女关系之中，便会掉下不幸的深渊。大君继承了父亲这种不正常的人生观，她暗下决心，把男女关系被肯定的一面让给妹妹中君，自己则生活在其否定性的侧面中。因此，她决定"一个人"活下去，从而导致自己处于孤立的境地。如前所述，物语中只有为数不多的关于女性离世场面的描写，大君即是其中之一，这说明紫式部对她投入了相当多的情感。但是，对紫式部来说，大君并不是一个理想的女性。

薰君可以说是光源氏的分身，他被大君所深深吸引，又是想办法，又是做计划，最终却不曾想被匂宫钻了空子，十分令人感慨。

他是一个"思考者",但他的想法只被束缚在"京都",并未能在"宇治"开花结果——尽管他曾屡次造访宇治。

对薰君的描绘,体现了作者对他的偏爱。他也有炽热的恋爱,却与所谓"好色"不同。后来,人们甚至在关于匂宫与薰君到底谁是理想男性的问题上发生争执。不过,笔者认为紫式部想要表达的乃是如下观点:女性的某些处境,纵是善解人意的薰君,也不能全然了解。

令人难忘的是,物语最后的王牌浮舟,是作为一个不谙世事、身份低下的柔弱女子出场的,她给人的印象,就是一个无名小卒。她虽然身份低下,身体中却流淌着"王"的血液,象征着她的潜在价值。不谙世事的浮舟,一方面被男性与命运玩弄于股掌之中,另一方面具有通过自己的经历不断成长的潜力。在决定投水自尽之前,她几乎不曾有过自己的意志。见到薰君则喜欢薰君,匂宫来了,她又随便匂宫为所欲为。她看到匂宫如火如荼的爱欲,对他倾心;看到薰君慎重而堂正的人格,又被他所深深吸引。

根据此前的图表形式将浮舟与男性的关系加以图示如下,即图6。

图6 浮舟与男性

图中的中心位置由光源氏分裂为两位男性,浮舟体验了薰君的"妻"与匂宫的"娼"两种关系(薰君虽已另有妻室,但以浮舟的体验来说,可以称之为"妻")。

关于在妻与娼的角色体验中挣扎的人,在浮舟之前,其实是有"先驱者"存在的,她们就是藤壶与三公主。藤壶在天皇与源氏之间、三公主在源氏与柏木之间经历了妻与娼的角色转换,不过她们并非对两位男性同时倾心。浮舟作为妻与娼的经历比她们更加沉重而深切,所以她没有像两位"先驱者"一样走上出家的道路,而是选择了更加极端的"死亡"之路。自杀也算是一种出家,出家是象征性的死亡体验。但随着出家逐渐习俗化,其象征意义不断被淡化。因此,浮舟即便要"出家",在那之前仍必须经历以自己身体为赌注的"死亡"。

关于死亡体验对于女性成人仪式的重要性,可以参考希尔维亚·B.佩雷拉的著作《神话中的女性成年仪式》(杉冈津岐子等译,创元社,1998年)。

人类在各自的文化中均创造出一些将相互对立的两种因素统一于一身的形象,以此来表现异次元世界的超越性。基督教文化圈中的圣母马利亚代表了女儿与母亲(无性体验的)的统一。她作为女性的理想形象能量非凡,但从女性审视自己的性的角度来看,她则变成软弱无力的象征。此问题留待他日再论。

将妻与娼集于一身的女性,尚可见于圣娼。作为圣娼的女性,接纳所有男性,与任何人均可交媾,却又不属于任何人。浮舟苦恼于妻与娼的纠葛,为了得到解脱,必须像圣娼仪式一样,经历一番死亡与重生。重生之后,浮舟"出家",但其内涵与藤壶和三公主的"出家"有所不同。浮舟在体验了与男性的关系所带来的深刻烦恼之后,终于找到一条完全不从属于男性的女性生存方式。作为个体(one for herself)的生存之路,这无疑是孤独的。但这不是因切断关系而导致的孤独,而是因深入关系所获知的孤独,所以,既可以说这与其他人无关,也可以说有关。紫式部在寻觅自己的个性化的道路上,首先通过设定光源氏这一男性形象,明晰了自己心目中的女性形象;接着又通过与匂宫和薰君这两个光源氏的分身发生关系并苦恼不已的浮舟的形象,完成了她自己的形象表达——一个不

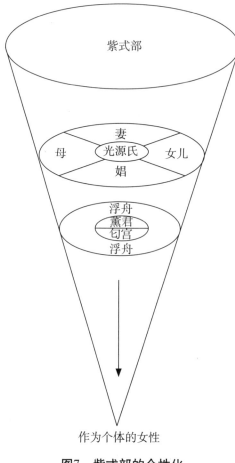

图7 紫式部的个性化

依靠男性的独立女性个体(图7)。

她用两个小故事直观地表现了当时的男性如何难以理解她所到达的境界。第一个故事,是横川僧都得知浮舟的男人是薰君的时候,立即劝她还俗。这表明,当时的僧侣对"出家"的理解尚处于此种水平,根本无法企及浮舟所到达的深度。第二个故事,是当薰君得知浮舟没有给他回信的时候,立刻怀疑她是不是有了别的男人。这说明,当时的男性对男女关系的理解——即便是卓尔不群的薰君——也不过如此,与浮舟的高度相去甚远。

紫式部认为她的思想所到达的高度,当时的男性根本不可能理解。她以此为自己的长篇物语降下了帷幕。

第九章
《浜松中纳言物语》与《更级日记》中的梦

梦的价值

梦在日本的王朝物语中经常出现，虽然在不同物语中出现的频率及其重要性不尽相同，但是一般来说，那些梦境都是有含义的。这说明，生活在那个时代的人们普遍认为梦很重要。

笔者在做心理治疗的时候，会把梦境作为一个非常重要的素材来使用。我在这里无意展开对现代深层心理学中梦境理论的阐述，简而言之，我们认为梦境揭示了做梦人的无意识世界。在全世界的许多文化中，梦境在古时候都备受重视，人们认为它能够传达神谕。这种思想虽历经曲折，却一直在岁月的长河中流传下来，直到西方进入启蒙时代，才一下子被颠覆。自此以后，梦被贬为荒唐无稽的东西，从梦中找寻意义也被认为完全是迷信。

西方近代的合理主义精神促进了科技发展，并取得重大成果，尤其在本世纪达到顶点。但是，与此同时，精神与肉体、理性与本能（我认为这些概念本身存在问题）之间发生巨大分裂，导致诸多心理疾病产生，也产生了诸如心身症这样一些难以确定为心理疾患还是身体疾病的病症。要治愈这种分裂,就必须认真检视西方近代开始确立的自我意识,从而找到克服的办法。我想这将会成为21世纪的一大课题。

重新审视前现代主义的意识,对于探索后现代主义的意识具有重大意义。用深层心理学的概念来说,就是通过将意识与无意识的界限模糊化,从中得到与现实相关的智慧。所以,我们不仅不能以"不合理""非理性"为由,简单粗暴地抛弃前现代主义的意识,反而有必要重新评价这些智慧。当然,因此而导致浅薄的倒行逆施,高呼"古代优于现代""东方优于西方"的口号也是极度危险的。只有以上述态度慎重地开展研究,才能从古老的素材中发现其对于现代生活的启示。

从以上观点出发,我们会发现,以新的角度来重新审视,一度曾被西方近代所否定的梦的价值,是很有意义的事情。笔者以此为立脚点,将现代人的梦境分析应用于实际临床和研究。若用同样的方法来研究王朝物语中屡屡出现的梦境,也应该不会徒劳无功。

笔者曾经以日本中世说话和王朝物语中的梦以及中世禅僧明惠的《梦记》等为研究对象,在国内外多次发表相关成果〔拙著《明惠 梦里人生》,京都松柏社,1987年(讲谈社+α文库,1995年)。Hayao Kawai, translated and edited by Mark Unno, *The Buddhist Priest Myoe A Life of Dreams*, The Lapis Press,1992〕。本稿以笔者1995年在瑞士的阿斯克纳举行的埃拉诺斯会议(Eranos Conference)上发表的论文[1]为基本框架,增加了更加翔实的资料。

本章之所以选择《浜松中纳言物语》和《更级日记》(以下原

---

[1] Hayao Kawai: "Tales of Meaning: Dreams in Japanese Medieval Literature", in Eranos Conference, 1995,河合俊雄译:《解读日本人的心灵——探究梦、神话、物语的深层》,岩波现代全书,2013年。——著者注

文引自日本古典文学大系，岩波书店）为探讨对象，不仅因为这两部作品都描写了很多梦境，还因为众多研究者认为它们均由同一作者——菅原孝标女①执笔。对于后者的文献学研究，留给此方面的专家，我只对在这两部作品中出现的梦，以及作者对于梦的态度所表现出的特点加以探讨。并且，这两部作品一个是物语，一个是日记，我们暂且默认本日记并非虚构，在此前提下展开对物语与日记中的梦境的比较研究。对我而言，这是一项充满吸引力的工作。此外，根据国文学家的研究，已经几乎可以断定《浜松中纳言物语》与《更级日记》的作者为同一人。我认为，通过比较作者对两部作品中出现的梦的态度的异同，也可为两部作品是否为同一作者提供一个间接的判断依据。

《浜松中纳言物语》中的梦

下面我们简单地叙述《浜松中纳言物语》的梗概，同时介绍其中出现的梦境。物语的展开与梦境唇齿相依，可以说如果除去梦境，本物语就不成其为物语了。

《浜松中纳言物语》由五卷构成，后来的研究表明，卷一之前应该尚有一"逸失首卷"，其内容大致如下：

主人公中纳言年幼丧父，与母亲相依为命。大将与中纳言的母亲交往，中纳言与大将的爱女大君私定终身。亡父现于中纳言梦中，告诉他："我已转世为唐朝第三皇子。"（梦1）中纳言对此梦坚信不疑，告别母亲与大君，远渡唐土。

---

① 菅原孝标女，即菅原孝标的女儿。当时女性的名字只在家庭中使用，社会性名字一般是父姓或夫姓加父亲、丈夫或兄弟的官名。如《源氏物语》的作者紫式部、《枕草子》的作者清少纳言等皆如此。

以上是"逸失首卷"的内容。物语开端即出现"转世""梦谕"的主题，颇具特色。

物语卷一内容如下。中纳言渡唐后，见到父亲（其实是个小孩子）很高兴。他偷看到这孩子的母亲唐皇后（河阳县皇后），并对她一见钟情。唐皇后的父亲当年到过日本，而且在当地与日本女子（后被称为吉野尼君，于卷二出场）生下一个女孩，这个女孩就是当今唐皇后。唐皇后的父亲当年要回中国时，对于是否带女儿一起走举棋不定。彼时他做了一个梦，梦见自己向海龙王求教，龙王在梦里说："速去！此女将为彼国皇后，当保你归途平安。"（梦2）他依言行事，带女儿回到唐朝。如梦中预言，女儿长大后果然成为唐皇后。

中纳言虽恋慕皇后，却并未忘记身在日本的大君。一日，大君突然出现在他梦中，哭着吟咏道："身沉泪海为海女，问君知为谁？"（梦3）中纳言做此梦时完全没有意识到，和歌中的"あま"（海女）与"尼"同音，暗示大君彼时已经削发为尼。

中纳言对唐皇后的思念与日俱增。唐朝的一个大臣不明就里，设法让自己的女儿五小姐与中纳言共度良宵，中纳言依礼行事，却不曾动小姐一根手指。他一心只想见到河阳县皇后，前往寺院参拜时，心中所求也只有这一件事。这时，一位僧人出现在他梦中，对他咏歌一首："拭目且观之，任凭无常如幻世，唯此宿缘深。"（梦4）

之后，中纳言非常偶然地遇到前来辟邪的皇后，在不知对方身份的情况下与她共度一夜，后来才得知原来那正是唐皇后。而这一夜春宵令皇后怀孕，生下一个男孩。此时，中纳言才领会到梦中所说的宿缘指的是什么。

在唐朝生活三年之后，中纳言准备返回日本。他见到了自己的儿子，却没能见到河阳县皇后，回国的决心有些动摇。此时，他的母亲出现在他梦中，对他倾诉盼子回国的急切心情（梦5）。中纳言归国之际，打算带孩子一起走，可是孩子的母亲河阳县皇后犹豫不决。梦中有人告诉她："此子非此地之人，他乃日本国之干城，速送其父处。"（梦6）皇后因此下定决心，把孩子交付给中纳言。

在卷二中，中纳言回到日本，得知妻子大君已出家为尼。回到京都后，他去看望了大君和女儿。当他看到唐皇后托付他带给母亲的信匣时，深深感受到她对母亲的无限思念之情，于是决定去吉野拜访唐皇后业已出家的母亲尼君。此卷中没有对梦境的描述。

在卷三中，中纳言去拜访吉野尼君，并带上了皇后托他带给母亲尼君的信匣。吉野尼君已于当天拂晓做了一个梦，梦中"见到唐土皇后，尼君满心挂念，却不知如何是好。正当煎熬度日之时，终能得悉如此消息，心中五味杂陈，竟不知是醒是梦"（梦7）。

吉野尼君与女儿（唐皇后的同母异父妹妹）共同生活，她对这位小姐的将来十分担忧，已为此祈祷三年有余。一天，她梦见一位"高僧"对她说：

> 东土皇后不知母亲安否，日夜哀叹，惟朝夕念佛，但求闻悉母亲音讯，其孝心可鉴。然身居异土，两地分离，难遂孝养之愿。遂与彼地之人结缘，示人诚心，日日祈祷。感于其念之诚切，吾欲助皇后遂其心愿。却见尼君忧心小姐，盖小姐姻缘落定，尼君始能专意于往生。诸愿合一，小姐亦可托付此人。

尼君心想"此乃佛陀化身以助我也"，遂伏身拜谢（梦8）。现实中，中纳言承诺会关照小姐。尼君对梦谕心怀感恩，中纳言也对小姐心有所属。

另一方面，对于已经出家为尼的妻子大君（此后称尼大君），虽然中纳言立誓对她纯洁相待，有时却也按捺不住，与她良宵共度。尼大君唯恐罪孽深重，请求分居，中纳言在宅邸内为她准备了一个住处。

在卷四中，中纳言"屡屡梦到吉野山入道之人"（梦9），慌忙去吉野探望。原来尼君病重，不久去世。尼君死后，中纳言将小姐接入京都。

中纳言对唐皇后念念不忘。从正月十几日开始，他不断梦见"河阳县皇后终日无眠，凤体难安"（梦10），于是更加担心唐皇后。三月十六日，中纳言与吉野小姐共同赏月之时，忆起当时与唐皇后结欢正是此日，不由鸣琴抒怀。他半夜醒来，举头望月，这时一个声音充满四宇："河阳县皇后此世缘分已尽，魂归九天。"他清清楚楚地听到这个声音重复了三次，旁边的小公子都被吓哭了（幻听体验）。第二年，唐丞相的来信证明此言不虚。

中纳言把吉野小姐接到京都。老僧告诫他，小姐20岁之前不宜行男女之事，否则会有不幸发生。中纳言严守此诫。小姐有恙，久不见好，到清水寺烧香拜佛。好色的式部卿宫早对小姐图谋不轨，于是趁此良机，将她掠走。

卷五，中纳言得知吉野小姐在清水寺失踪，既惊且悲。他茫然不知小姐芳踪，悲痛欲绝，"睡意蒙眬中，（小姐）恍惚出现在身边，痛哭流涕"（梦11）。他知道，小姐在想念他，但他却援救无门。不久，河阳县皇后以他第一次偷看她时的样子出现在他梦中，对他说：

我一心祈愿与君同在，不惜变换此身，遂无常命数得尽，归于九天。然此情难舍，乃寄居于此悲叹之人腹中。虽久持药

王品，然我与她均为情所困，故犹生为女儿身。（梦12）

中纳言由此得知，唐皇后将转世回到人间，而且会成为吉野小姐的女儿，因此倍感欣慰。同时，他也为小姐已有孕在身之事深感痛惜。

另一方面，吉野小姐被式部卿宫藏匿起来，度日如年。一日，"淡淡睡意下，似睡未睡时，中纳言恍惚即在近旁。心里疑惑，睁开双眼，见一人哭卧身边，却不知是梦是幻"（梦13）。如文中所示，这是一个不知是梦境还是幻觉的体验，此处暂且将它归于"梦境"。

小姐身体羸弱，式部卿宫把她归还给中纳言，只在夜间来访。中纳言将她安置在自己府中，介绍她与自己的母亲和尼大君认识。但他终究无缘与小姐结为夫妻，物语以他对人生的悲叹结束。

以上，简单地回顾了《浜松中纳言物语》的梗概，介绍了其中出现的所有梦境。其中有的梦境明显是幻觉，也有的如梦似幻。在实际临床中，这些情况均被同等对待，因此无须过于细致地区分。

《更级日记》中的梦

上文介绍了《浜松中纳言物语》中出现的所有梦境，下文介绍一下《更级日记》中的梦境，以便比较。《更级日记》的作者是菅原孝标女，本作品记述的是她自十二三岁在上总国的生活开始，直到她丈夫死后一两年之间约四十余年的人生经历。但它不是通常意义上的日记，而是菅原孝标女以自身暮年之时的人生觉悟为指导，对自己一生的回顾。下面，我们按照在文中出现的先后顺序，来看《更级日记》中的梦。

作者菅原孝标女在父亲任职的上总国长大，她从继母和姐姐那里听说物语后,被它所深深吸引,十分向往自己也能读到的物语。为此,她特地塑造了一尊真人大小的药师如来像,求它保佑自己早日回到京都,实现尽览物语的愿望。作者13岁时,父亲的任期结束,全家回到京都。其中关于旅途的描写,此处略去不谈。回到京都后,作者经历了与父亲关系不和睦的继母的离开以及乳母的去世,后来终于从伯母那里拿到了心心念念的《源氏物语》,随即耽于其中不能自拔。其时,她做了一个梦:

梦中现一清秀僧侣,身着黄色袈裟,言道:"速速习诵《法华经》第五卷。"然我不曾将此梦告人,亦无意习经,一心只在物语。(梦1)

此梦中提到的《法华经》第五卷,主要论述的是女人亦能成佛,从这一点来说,应该为当时的上流阶层女性所熟知。佛教一般认为女人不能成佛,很多人接受这个说法。《法华经》第五卷与之相反,论述女人成佛之事,非常特殊。

作者15岁时,依然对物语神魂颠倒,乃做如下一梦:

人言:"近日,为皇太后宫的公主一品宫的六角堂做了引水渠。"我问之:"却是为何?"对方答曰:"汝须谨拜天照大御神。"(梦2)

与上次一样,作者既没有把做梦的事告诉任何人,自己也没有把它放在心上,日子过得一如既往。

同是作者15岁时,有一天,她翻看往日朋友侍从大纳言小姐送来的信件——侍从大纳言已于落花时节夭亡——令她不觉悲从中来。五月里，不知从哪里跑来一只迷途猫咪，她与姐姐十分怜爱它，偷偷留下喂养，猫咪与她们很亲近。因为姐姐生病，她们便把猫咪放在人们居住的"北面"房间。姐姐病中一觉醒来，命人将猫咪带回自己房间，据说是因为做了这样一个梦：

  梦中猫来到近旁，开口道："我乃侍从大纳言小姐之变身，只因前世有缘，令妹思念于我，遂与此处暂居。近日禁于下人室中，心中凄然。"哭泣之态极似高贵美女，心中惊讶。此猫之声，动人肺腑。（梦3）

作者听闻此事，再不把小猫送到下人房间，对它精心照料。她对猫说道："你是侍从大纳言家的小姐啊？那我应该告诉大纳言呢。"猫儿听了，看着她发出温柔的叫声，让她觉得这只猫的确不比寻常。这是一个以轮回转世为主题的梦，这个梦不是作者做的，而是作者的姐姐做的。

作者26岁至29岁期间，父亲到常陆任职，其间作者曾到清水寺参拜闭居。一日，她心神不定，昏昏欲睡，做一梦：

  御帐一侧矮栏内，现一身着青衣、头上披锦、足下亦着锦的僧人，似为此寺别当①者，走近前来，愤然道："不知来世事大，只为琐事烦忧！"言毕入帐中。（梦4）

"你不担心来世悲苦，整天想些芝麻小事。"对于僧人的这个忠

---

① 别当，僧侣官位之一。

告，作者照旧没有放在心上。

同一时期，作者的母亲命人制作了一尺高的铜镜，委托一个僧人作为使者，代表她的家里人到初濑拜谒。僧人在那里住了三天，得了一个有关女儿（即作者）将来的梦，回来复命。梦境如下：

> 御帐一侧，有高雅清丽女子，着华装而坐，手提吾进奉之铜镜，问曰："此镜可有愿文随附？"吾恭敬作答："无愿文，只吩咐进奉此镜。"曰："怪哉！当附愿文。且看此镜中所映之相，悲戚无状。"女子潸然泪下，镜中所映乃倒伏悲泣之状。"见此景，生悲情。且看此镜另面。"乃示铜镜另面所映之相，只见华美垂帘无数，幔帐之下，显露色彩斑斓之衣裙、下裳；庭中梅樱怒放，莺啼婉转。女曰："见此，令人喜"。吾梦如此。（梦5）

由此梦的描述可知，当时的人们有到初濑进香以求梦谕，或者托人代理前往的风习。古希腊非常盛行闭居寺院等待梦启，祈愿病情借此痊愈的风俗。学者埃伦伯格对动力心理学的历史有深入的研究，他指出："'真实的梦'是一种非常特殊的梦，是在梦境自体中实现治愈的梦境。"（Henri Frédéric Ellenberger著，木村敏、中井久夫监译：《发现无意识》上，弘文堂，1980年）上文的这个梦，依然没有引起菅原孝标女的重视。当人到晚年，丈夫去世时，她感叹道：这梦中镜子里的悲戚景象不幸变成了现实。

作者32岁时，被推荐到宫中供职，其间做了一个有关自己"前世"的梦。作者开头写道："梦见自己前世为高僧，心中肃然。"梦境如下：

余坐清水寺经堂中，一似本寺的别当者前来，曰："汝前世乃为此寺僧侣，因身为佛师①，雕佛像无数，积累功德，方能转世为高贵之人。此经堂东侧高一丈六之佛像，即汝所造。金箔尚未贴毕，汝已逝。"余答曰："呜呼哀哉！如此，余当贴金箔。"人曰："汝既逝，乃由他人贴金箔，亦由他人供养。"（梦6）

作者虽有幸梦到前世，其后却并未因此更加热心地到清水寺烧香拜佛。晚年时，她遗憾地感叹自己应该多往寺中参拜才对。

作者辞去宫职嫁作人妇，为家庭琐事所累，几乎忘却物语的存在。38岁时，她到石山寺为后世祈福，得一梦。昏昏沉沉中，"大殿受香毕。一人曰：'诉告彼处。'乃惊醒觉梦"（梦7）。作者认为此梦或吉。除此之外，不曾言及其他。

39岁时，她到初濑进香。此时恰值大尝会②被除之日，京都热闹非凡。她却反其道而行，离开京都前往寺庙，作者详细记述了别人对她此行或支持或反对的态度。前往初濑途中宿于一寺，她在那里做了一个梦，如下：

有一女子甚高贵美丽，吾近趋之，风声贯耳。女子见吾，笑问："缘何来此？"吾曰："缘何不来？"女子曰："汝非外人，常与博士命妇谈起。"（梦8）

之后，在初濑住了三天，最后准备拂晓回家时的那个夜里，她

---

① 佛师，是对从事雕刻佛像的人的称呼。
② 大尝会，是新天皇即位后举行的盛大仪式，天皇亲自奉献当年新谷，祭祀天照大御神与各位天神地祇。一代天皇仅举行一次大尝会。

于浅睡中入梦："大殿方向有人欲扔一物,言道:'此乃稻荷神社所赠杉木。'"(梦9)

作者年过40,一日想起当年宫中供职的岁月,十分想念其时密友,此人现居筑前。作者心怀思念进入梦乡,梦见二人"相携入宫,看去十分真切,心中惊讶"。睁眼一看,正是月薄西山,于是吟咏和歌一首。(梦10)

怅然旧梦醒,故人相思泪浮床,西月可传情?

下文要介绍的是作者最后一个梦,也是最重要的梦。此梦做于作者48岁时,只有这个梦被清楚地记录了做梦的日期——天喜三年十月十三日①。

吾坐房中,阿弥陀佛降临庭中近吾之处。佛姿模糊,似隔重雾。尽眼力透过迷雾缝隙观其恍惚身影,只见莲花座浮于地面三四尺高处,佛高六尺,金光四射,单手外展,另手结印。他人不可见,仅示吾一人。心中甚惧,竟不能移至帘边近拜。佛乃言:"既如此,且待复回相迎。"声音他人不可闻,仅入吾耳。此间梦醒,已是十四日。吾以此梦,为后世结缘之信。(梦11)

如文中所示,作者非常珍视这个梦。还有一点值得注意:这个梦紧接在她对丈夫三年前去世的记述之后。作者在丈夫意外死亡,

---

① 河合隼雄著作中此处日期原文为"十月三日",经译者查证《更级日记》原文,实为"十月十三日",此处依照《更级日记》原文。

内心悲痛不已的时候，特意写到这个梦境。笔者认为，这表明此梦乃是作者晚年生活的精神支柱，《更级日记》正是在这个人生观的基础上创作完成的。此梦无须做任何解释，而其本身即具有重大意义。

梦与现实

以上介绍了《浜松中纳言物语》与《更级日记》中出现的所有梦境。对于前者中难以区分是幻是梦的部分，均视同为梦境。

在探讨这些梦境的时候，我们首先遇到的问题是，梦与现实的区别及其关系。《浜松中纳言物语》的典型特征是在对梦的描写中几乎不使用"梦"这个词。如梦3的中纳言之梦，原文是这么说的：中纳言思念河阳县皇后，想到她与留在日本的大君不同，这时，他"靠近双目凝视一处、入神沉思的大将殿小姐（大君）"。文章如是展开，读来令人感觉似乎大君真的突然现身。接着大君咏歌一首，中纳言也"哭泣思念，泪如泉涌，惊醒（うちおどろきぬ）之余，恍若同在……"其中的"うちおどろきぬ"一词含有两种意思，一是"突然梦醒"，一是"吃了一惊"。若以前者来理解，则明白中纳言是在做梦；若是理解为后者，就不会知道这是一个梦，而认为大君当真现身了。文章的描述令人觉得现实与梦境界限模糊，两者互相交融。

对此，《浜松中纳言物语》的英译者托马斯·洛里奇认为，它是物语的一种"叙述法"，他指出："作者所理解的梦与现实的世界，并不像我们所期待的那样有着明确的区分。梦境融入故事之中的叙述法，是我们得出此判断的指标之一。"(*A Tale of Eleventh Century Japan: Hamamatsu Chunagon Monogatari*, Introduction and

Translation by T. Rohlich, Princeton University Press, Princeton,1983）

反之亦然，有时候也会出现把现实发生的事情作为"梦"来描述的情况。《浜松中纳言物语》中最常见的，就是把主人公中纳言与河阳县皇后不期然的一夜情表述为"春夜一梦"。

把实际发生的事情表述为"梦"，做梦时却不着一"梦"字，这是《浜松中纳言物语》的常用技法。《更级日记》则与之相反，在所有做梦的场面都使用了"梦"字。这说明，作者菅原孝标女是有意识地将上述技法作为"物语"的叙述法来使用的。

上面提到的"现实与梦境界限模糊"，究竟是什么意思呢？它并不是说当时的人们分不清梦境与现实，故将两者混为一谈。绝无此事。所谓"现实与梦境界限模糊"，是说对那时的人们来说，两者同等重要，甚至梦境更加重要一些，但两者并不混同。如果忽略了这一点，则会产生误解，认为"现代人明确区分梦境与现实，而平安时代的人们却连这一点区别能力都没有，真可谓思考力低下，意识不成熟"。

笔者认为，我们需要对西方近代启蒙主义以来，近代人丧失了从梦境找寻意义的意识进行反省。近代人常见的错误就是武断地认为梦是"非现实"的、"无意识"的。我们在阅读王朝物语时，务必要对此有清醒的认识。

《浜松中纳言物语》的梦境与外在现实有着极其密切的联系。比如中纳言在唐土梦到大君出家（当然他当时并没有清楚地意识到这一点），后来在京都梦见吉野尼君生病、得知唐土河阳县皇后去世等。或许有人觉得这太过荒谬，可是，如果你像笔者一样从事梦境解析的工作的话，就会实际体验到这种现象。你要问我"为什么会出现这种现象"，我只能说，以我们目前所拥有的自然科学知识体系，还无法解释。如果非要强行解释，那就变成了伪科学。同样，如果因为现存知识体系无法解释，就断定这样的现象不存在，也是不科学的。总之，我们必须承认这种现象的存在，并且无须解释。

《浜松中纳言物语》的梦不只传递现实，还可以预言未来，并通过预言下达行动指令，作用重大（梦2、梦6）。不过，因此便完全相信并遵从"梦的指示"，也是彻头彻尾的迷信，比如倘若梦中命你"杀了他"，你会真的去杀人吗？

对于这一点，其实在道理上，与我们现代人如何对待外在的现实是相同的。现实中，别人经常会给我们提出建议，有时候还会对我们下达命令，但是我们会通过自己的判断做出最终的决定。此时的关键，在于我们受别人意识驱使的程度，以及对自己与他人之间关系远近程度的认定。王朝时代的人们虽然十分信赖梦境，却也并非唯命是从，《更级日记》很好地显示了他们对待梦的真实态度。

王朝时代的人们对于梦境，是保持一定距离下的尊重。这一点体现在他们为自己辩解的时候，会把"没有做过的梦"巧借"梦"表达出来。详见笔者对《换换多好物语》的论述［拙著《换换多好：男与女》，新潮社，1991年（新潮选书，2008年）］，此处从略。《浜松中纳言物语》中也有类似的以梦为借口的描述。以梦作为辩解的理由这件事，表明对他们来说，梦境具有与外在的现实同等重要的地位；而有意识地使用梦境"谎言"，也说明他们对待梦是相当客观的，梦境对他们来说，并不是一种"绝对"意义上的存在。

下面来看《更级日记》中的梦。乍看上去，这些梦的性质似乎恰与《浜松中纳言物语》相反。作者做的梦基本都与外在的现实无关，有时候即便请人"解梦"也毫无所获。除了最后一个梦之外，只有一个梦与现实有些关联，即梦5中僧人报告做了悲喜同在的梦，其中悲伤的一面，作者在丈夫突然去世时回想起来。

两部作品中梦的不同性质，令人对《浜松中纳言物语》与《更级日记》到底是否为同一作者的作品产生怀疑。两部作品同样都描写了大量的梦境，但内容却大相径庭。池田利夫也曾指出："浜松中不曾有过一次解梦的行为，因为梦境的内容十分清晰，无须画蛇添足。"（池田利夫：《更级日记 浜松中纳言物语考》，武藏野书院，1989年）与之相反，《更级日记》的梦含义不清，即便请人解梦，也无法实现与外在现实的对接。

不过，《更级日记》的最后一个梦值得特别注意。对于梦11，作者本人说道："惟有此梦，可为后世之托。"阿弥陀佛身披金光现身时，只有作者一人可见，其声音他人亦不可闻。阿弥陀佛对她说："这次我先回去，以后再来接你。"作者把这个梦当作"现实"一般坚信不疑，十分欣喜。当时，人们最大的愿望便是死后涅槃重生，所以这个梦对于作者来说，无比珍贵。可以说，《更级日记》的作者通过梦境所得知的"现实"，乃是内在的现实，它与《浜松中纳言物语》的梦境所连接的个人现实，属于不同的次元。

梦境体验与物语

表面看来，《更级日记》的梦境与《浜松中纳言物语》的梦境性质截然不同，但是前者最后一个梦和后者的梦境一样，与"现实"有着密切的关系。

关于《更级日记》的作者对于本作品的创作态度，正如国文学研究者们所指出的，本日记不是我们一般概念中的"日记"，而是作者晚年时回顾一生写成的。这样看来，梦11在整个作品中具有非常重要的地位。也就是说，作者是以此梦作为写作的立足点，来构思整个作品的。

正如梦11所示，梦境有时候会对人生起到决定性的作用。这个梦让作者确信，她一定能在死后顺利往生。当孝标女立足于此梦来回顾过往的全部人生时，醒悟到自己年轻时其实做过很多重要的梦，只可惜当时不曾多用一点心思去体会。那些梦中，如今尚能忆起的便是梦1到梦10这十个梦，她在这种心境中完成了《更级日记》。以上是笔者对于这个梦系列形成的推想，自忖当可成立。进一步推测，或许可以认为，作者原本就对梦的重要性有着十分清楚的认识。为什么这么说呢？因为若非如此，她怎么会在年近50的时候，还记得十四五岁时做过的梦呢？其他的梦境也记述得相当清楚，甚至令人怀疑她有可能留存着关于自己做过的梦的记录。西下经一在对《更级日记》的"解说"中指出："上京时的旅途纪行，地点多有前后不一致的地方，应是没有记录，而全靠记忆写成。"（《更级日记》，日本古典文学大系，岩波书店）如果这些梦境也全是凭借记忆描述下来的话，只能说明作者对于梦境极为重视。而且，也正因为她如此重视梦境，才会在人生迟暮之时，终于达到梦11的心境。

所以，在统筹安排全书的构成时，她特别强调了梦11的意义，强烈地表达出自己的遗憾之情——梦境如此重要，但自己却一直没有认识到其中真谛。那么，她对14岁时做的"速速习诵《法华经》第五卷"的梦的记述，则说明作者既对佛教也对梦境十分关心；另一方面也说明，她在到达最终的心境之时，对自己过去没有把此梦放在心上，深感遗憾。同样的表现手法亦可见于梦4、梦6、梦9。

作者认为与其强行让读者接受自己的深厚信仰、相信梦的重要性，不如将自身实例以否定的形式展现出来更具说服力。所以，她表面上虽然在感叹梦境与现实相去甚远，但是究其实质，作者想传达的乃是梦的重要性。池田利夫对《更级日记》的梦境研究颇为深入,他曾得出如此结论:"梦对她来说是一种信仰。"(池田利夫:《更级日记 浜松中纳言物语考》,武藏野书院,1989年)

如果不是以日记的形式,而是用物语的形式来表现此类梦境体验,会不会有什么不同呢?关于"讲述"①的意义,另有他论〔拙著《物语与人之科学》,岩波书店,1993年(《心灵最后讲义》,新潮文库,2013年)〕,此处从简。

欲将某种外在现实告诉他人时,只需通过记录便可实现,别人通过阅读正确的记录就会了解。而若要向他人传递内心体验时,则必须通过"讲述"才能实现。举个简单的例子,当我们意外地钓到一条特别大的鱼时,如果只想表达这一事实,仅需记录鱼的长度、重量即可。但若要表达钓到鱼时的感动,则必须通过"讲述"的方式。用两只手比划出来的鱼的大小,亦无须与鱼的实际尺寸一致。许多关于钓鱼的物语便是这样诞生的。

有时候,让自己的内心"接纳"自己的体验,也需要借助于物语来实现。比如对于地震等灾害经历,人们在内心中很难接受。而通过向他人进行"讲述",则可使它成为自己的一部分,并在自己的内心为它找到安置之处。

据此可以推断,《浜松中纳言物语》乃是孝标女把梦11这样的体验传达给他人的一种方式。也就是说,要说明梦对于人的重要性,或者梦对人生走向的重大影响,则必须通过《浜松中纳言物语》这样的物语来实现。并且,《浜松中纳言物语》故事情节的发展完全依循梦境所示进行。因此,认为《更级日记》与《浜松中纳

---

① 原文"物語"作为名词,意思接近"故事",同时,"物語る"是动词,此处的译文"讲述"原文即"物語る"。

言物语》的作者为同一人的观点，并无任何矛盾之处。

可以这样理解，对于做梦的人来说，梦的体验本身就是一种物语。比如《更级日记》梦3中，姐姐梦见她们喂养的小猫，是侍从大纳言的女儿死后转世。对此梦之物语的信任，令做梦者与猫以及死者（大纳言的女儿）的关系一下子变得非常密切。换句话说，自然科学的方法是将事实按照事实来记录，它适于记述与人无关的事实；与之相反，物语则具有"使之相关"的作用，对于物语的讲述者和听者来说，它具有将自己与他人、人类与动物或物品、生者与死者、自己内心的意识与无意识等连接起来的作用。通过在这张纵横无限的网络中找到自己的定位，人们才能安心地活着，并安心地死去。

同样的角度也可以用来理解与转世相关的梦6。你可以说想要知道自己的前世纯属无稽之谈，也可以说即便知道了自己的前世也没有什么意义。如果你的心灵仅仅执着于外在事实的话，诚然如此。但是，当你一旦觉察到自己在这个世界上只能享受一次人生，之后除了死亡别无选择的时候，便不得不面对一些根本性的问题：我到底为什么而活？我来自哪里？又去向何处？此时，了解自己前世的物语，就会具有相当重要的意义。基于这一观点，美国目前有一种叫作"前世疗法"的心理治疗方法，效果良好（参照布莱恩·L. 怀斯：《前世疗法》第七章），可说是一个有力的例证。

菅原孝标女认为梦6很宝贵，不过她接下来写道：在那之后，如果我更加热心地去清水寺参拜就好了，可是我却什么都没有做。这句话既可以理解为作者的谦辞，也可以理解为与梦境保持一定的距离，才是妥当的做法。梦3亦如此，作者把猫当作大纳言之女的转世，很珍惜它，但并没有写她因此而把猫送去大纳言家。也就是说，对梦境的重视，意味着接受多层次的现实。倘若只是生活在信与不信、是真是假这样二选一的单层次现实中，人生未免过于鄙陋。换句话说，如果作者把这个梦视作无稽之谈而弃之不理，心中难免遗憾；可是如果因为自己是雕刻了这座佛像的佛师转世，就要求自己对清水寺特别对待，那也是非常愚蠢的行为。

将自己置身于多层次的现实具有重大意义，当借助物语来表现这一智慧的时候，便催生了《浜松中纳言物语》中直接与轮回转世相关的叙述方式。

事物的流变

以上我们从梦的角度考察了这两部作品，我认为它们的共同主题是表现"事物的流变"。此处的"事物"既包含现代人所说的主观心灵，也包含客观物质。从人们的实际感觉来说，也可称之为"意识的流变"。不过，这里的"意识"既包含梦境体验，也涵盖西方深层心理学家所主张的"无意识"。感知超越人的意志与意图、滔滔不绝地流动着的"事物"的趋势与方向非常重要。不过，只有人们不断忘却事物的存在，将自己完全托付给"事物的流变"时，奇迹才会发生。

《更级日记》开头部分提到的武藏国"竹芝"传说生动地体现了这一点，故事的梗概如下。

一个男人被地方官从"竹芝"送入朝廷做卫士，他自言自语道：

想我怎会如此背运？于我故国，在三五个做好的酒壶之上，架着将葫芦竖分为二制成的瓢。南风起那瓢则往北飘，北风起则往南飘，西风起则往东飘，东风起则往西飘。概我如瓢，乃至今日。

　　正在此时，天皇的女儿听到他的话，命他再说一遍。男人重复了一遍，公主听完即刻决定与他一起回到他的故乡。其后的故事从略，总之，最后天皇承认了两人的关系，把武藏国赐给此男子，故事以大团圆结局。

　　这个故事很精彩。值得注意的是，尽管公主的行为令人吃惊，但是最后总算皆大欢喜。这两个年轻人的行为，即便是天皇也无法阻止，唯有听之任之。支配这两人行动的原则直接体现在男人的自言自语中，也就是说，刮北风则往南、刮南风则往北的那只只能随风飘的"瓢"，正是这一原则的象征。孝标女因为具备感知"事物的流变"的能力，才能清楚地记得年约13岁时听到的这个传说，直到晚年依然可以详细地讲述出来。

　　所谓"事物的流变"也许称为"事物的影响"更加合适，因为不只流动的共时性很重要，共时性同样需要特别留意。京都、吉野、唐土虽然场所不同，但在同一时间所发生的事件也都是"事物的流变"的一部分，把它们作为一个整体来把握非常重要。而当把这些发生在不同场所的事情作为一个事象来把握时，则需借助于梦境。关于《浜松中纳言物语》中的梦，池田利夫有着卓越的见解，他说："本物语的舞台在京都、唐土与吉野之间不断转换，而能够瞬间实现两地对接的，唯有梦境。"（出处见前注）从这一角度来看，可以说《浜松中纳言物语》中的共时性梦境，乃是"讲述"《更级日记》中所表达的上述"事物的流变"思想的一种策略。

　　既然作者对"事物的流变"了然于胸，那她不是应该得到像"竹芝"男一样非同寻常的幸福吗？事实并非如此，《更级日记》的作者历经苦难，最后好不容易丈夫升了官，一家人终于可以欢欢喜喜，可是好景不长，丈夫突然去世，作者形容自己落到"被扔到山里的老婆子"①的境地。而《浜松中纳言物语》的主人公最后也是"失魂落魄，泪深如海"。

为什么会这样呢？直白地讲，就是"人非瓢"，做不到无为无欲。但是，通过了解"事物的流变"，人们便可安然度过悲喜参半的一生。《更级日记》一方面记述了悲苦的外在现实，另一方面，作者在日记的最后，记述了给她带来无比欢欣体验的"阿弥陀佛之梦"，这正是她所描述过的"镜子的两面之梦"（梦5）。作者既品味着梦境所带给她的来世往生约定的幸福，同时也咀嚼着身为凡人的"悲哀"。

作者的上述体验在《浜松中纳言物语》是如何体现的呢？我认为主要体现在以下两方面的交织中：一方面是物语的最后部分所呈现出的主人公的深切悲哀之情，另一方面作为补偿——依然借由梦境来表现——主人公知晓他所深爱的河阳县皇后将会转世来到自己的身边。

这两部作品具有相同的特征，它们均以"悲哀"的情感为基调，但"事物的流变"作为补偿，奉上令人欣喜的事件。另外值得注意的是，在这两部作品中，好消息均为借由梦境传递。

---

① 原文为"をばすて"，这是长野地方的一个传说，说的是很久以前，地方长官下令，超过60岁的老人都要被扔进深山的故事。

第十章
推动物语发展的恶

《为身世烦恼的小姐》

镰仓时代的物语《为身世烦恼的小姐》[①]，仅看书名便很吸引人，它是一部独特而有趣的书。我认为把这些各具特色的物语统称作"拟古物语"，实在令人遗憾，在读《换换多好物语》时，我便深有此感。一概称之为"拟古物语"，从国文学的角度来说或许是对的，但是对于主要研究物语意义的笔者来说，反而对它们各自的个性特征印象更加深刻。

"为身世烦恼"（我身にたどる）一词，来自小姐在物语开端登场时所作的和歌（今井源卫·春秋会：《我身にたどる姫君》全七卷，樱枫社，1983年）：

欲知身世意不尽，此生烦恼无止期。[②]

[①] 原文名称为《我身にたどる姫君》。"たどる"一词有两种含义，一为烦恼，二为按图索骥。和歌中似用第一义，而本书著者行文中似取第二义。
[②] 原歌为：いかにして　ありし行方を　さぞとだに　我身にたどる　契りなりけん

这位小姐与尼姑一起住在音羽山麓，不知生身父母是谁，于是吟咏以上和歌。孤儿或者异常出生的主人公的故事，实属民间故事最擅长的主题，它意味着主人公的来历不能通过日常性的方式找到，换句话说，就是具有很强的非日常性，他们背负着"我到底是谁"的沉重疑惑。

"我到底是谁"，这是一个纵贯古今、恒久存在的问题，解开这一疑问，也正是现代人的课题之一。说起来，其实每个人都背负着"找寻自我的命运"①。从这个角度来说，古代物语一下子变得很有现代感，"找寻自我"用现代的语言可以表述为"探求identity"。这位小姐——在此且称之为"我身姬"——非要探求自己的identity不可，那么本物语的主题是否就是以"我身姬"为主人公，探求她的identity呢？倘若换作近代小说，答案或许如此，然而对于本物语，却不能做此简单理解。研究《为身世烦恼的小姐》的学者，德满澄雄提出了一个颇具启发性的主张，他说："本物语没有主人公，说得极端一点，那就是除了谱系，别无其他。"（德满澄雄：《解题关于〈为身世烦恼的小姐〉》，《为身世烦恼的小姐物语全注解》，有精堂，1980年）

有关谱系的事情我在后文再谈，下文继续就《为身世烦恼的小姐》多说几句。

我身姬实际上是当时的关白②与皇后私通所生，皇后临死前对赶来榻前的关白告知实情，将我身姬托付给他。关白把我身姬接回家。不久后，我身姬也知晓了自己的身世。第三卷末尾，我身姬嫁给东宫太子。也就是说，她未来会成为皇后，如果生的儿子继承皇

---

① 原文为"我身にたどる"。
② 平安时代是外戚掌权，天皇的外祖父成为摄政或关白，掌握实权，称为摄关政治。《我身にたどる姫君》的故事背景为平安时代。

位，她就会成为国母——天皇之母。如果物语的主人公是她，那么故事到此便可结束，然而事实是，此后的物语还有第四卷到第八卷很长的内容。而且，第三卷与第四卷之间相隔十七年之久。第四卷开始，讲的是十七年之后的事情。这样的物语结构在当时实属罕见。

我认为物语的这种结构乃是作者周密筹划的结果。因为，十七年后的物语，正如"历史的重复"字面所示，故事是相同的，只不过是发展过程有些微妙的变化。

相同的主题也不断重复出现，其中最明显的是，在开头登场的关白之孙左大臣（殿中将）把他与丽景殿女御私通所生的女儿接回家，最后让她嫁给天皇的故事。它重复了与我身姬同样的"找寻自我"的主题。

那么，此物语到底想要表达什么呢？无疑，"找寻自我"是本物语的一个重要主题，但是，这个主题并不像多数现代人所理解的那样，是某一个个体的事情，而是需要几代人的努力才能完成。本物语的结构是通过三代人来体现某种程度的完结，而实际上它要表达的可能是，"找寻自我"的任务需要一代又一代——或许永无休止——的努力。笔者认为，当今时代探求identity的任务，在这一点上与之相同。对我们来说，认识到这一点，意义重大。

近代的欧洲文化以重视"个人"为特征，现在那些所谓发达国家的人民深受它的影响。我认为有必要尝试超越这种个人意象，对此，日本的物语会给我们很多启示，《为身世烦恼的小姐》尤其如此。当然，本物语还有很多值得研究的地方，在此暂且将焦点集中于上述一处。

谱系的意义

探求identity与探寻自己的来历有一些重叠之处，因为对"我是谁"这一疑问的回答，就是要弄清楚自身的"根本"。即使人们对于identity没有明确的认识，也同样会在探寻自己谱系或出身的事情上大费周章。

来做心理咨询的人在咨询过程中，有时候会表现出对自己的出身、出生地、家族谱系等的强烈关注，尽管他们原本并非为此而来。有些拒绝上学的孩子，通过把大量时间花在骑着自行车遍访自己的出生地，在那里与亲戚会面或者给先祖上坟，后来又重新踏入校园。也有人不断拜亲访友，想尽办法、费尽周折地绘制家谱。更有人在找寻谱系的过程中，认识到自己背负着——或者说被动承载着——跨越几代人的课题。

从这个意义上说，它为我们从另外一个不同的角度，审视一直深受心理治疗学家重视的谱系的可能。请看图8所示类似图谱的表，一眼看去它是一个图谱，但实际上它所表示的是一个人的内心世界。这个表记录了一个具有16重人格的人——此人名叫西维尔——所拥有的每一个"人格"的名字（F. R. 施雷伯著，卷正平译：《西维尔〈我里面的16个人〉》，早川书房，1974年）。最近还有人发表了有关23重人格的病例，总之，近期有不少关于多重人格病例的文章发表，尤其是在美国。

在此我们不对多重人格做过多的探究。可以看到，图8中既有男性也有女性，人物多样。试想：我们可否将图8这个图谱看作一个人的内心世界呢？

有时候，我们会觉得自己的身体里住着各种各样的人。在做出令自己意外的行为时，我们会认为这是自己身体里面的"某某"做

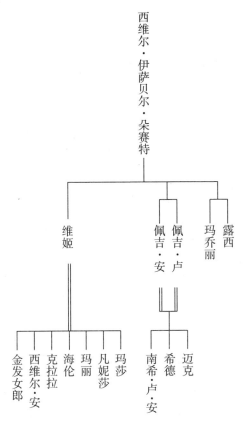

图8　16重人格的体系

的，或者是被他诱惑而做出的行动。有时候，当我们把梦中出现的人物看作自己内心世界的居民的时候，便可轻易理解梦的含义。梦见A这个人的时候，当我们不认为梦是针对A的，而是把A当作自己内心里的一个人物，认为A是自己内心某一侧面的体现的话，梦境的意义便迎刃而解。"我"是由除了我自身意识中清楚认识到的"我"（心理学称"自我"）之外，还有各种"他者"一起构成的。

解读物语时，在主人公十分明确的情况下，把他作为"自我"，或者正在形成的"自我"来理解比较容易。但是，如德满澄雄所说，《为身世烦恼的小姐》"没有主人公"。这该如何理解呢？我认为，这是因为本物语的目的，并非要确立对于现代人来说颇易理解的自我并探寻其identity。它的出发点不是"个人"，而是通过将个体托付于整体性的"事物的流变"的形式来确知其identity。"我"作为伟大的"事物的流变"的一小部分，是可以被感受到的。因此，其谱系既是对跨越几代的许多人的记述，也可以将它理解为一个人的内心世界。

不管把谱系看作一个人的内心世界，还是对几代人的记述，都存在一个同样的主题，即"对立的统一"。本物语描写了皇家与摄关家的对立，其中对立意识较强的人物，是物语开头所描绘的水尾中宫。水尾中宫属于摄关家一派，而当朝皇后则属于皇家，两派各为自家的皇子争夺天皇之位。

当我们扪心自问时，许多人会意识到自己内心存在着各种矛盾与纠葛，它们有时候会以容易理解的方式，即好人与恶人的对立形式存在于意识之中。根据在对抗中获胜方的不同，我们的行为也会迥然有异。有时候，我们甚至会感觉到对父方继承与对母方继承的对立。而内心的对立程度如果过于强烈，将会导致"分裂"，这是必须要避免的事情。"对立的统一"是人类永恒的课题。

《为身世烦恼的小姐》在我身姬与其后出场的各位小姐"找寻自我"的人生过程中，产生了消解皇家与摄关家对立的推动力，最后终于迎来大团圆的结局。

皇家系统的右大臣（宫中将）与后凉殿中宫私通所生A小姐（图9，引自平林文雄编著：《我身にたどる姫君》，笠间书院，1984年）也是"找寻自我"的小姐之一，她最后圆满地嫁给东宫太子。

在她的着裳仪式①上，摄关家的左大臣（殿中将）为她担任系腰带者一职，两人亲密私语中，知晓他们实为双重表兄妹。随着物语的发展，皇家与摄关家的血脉不断混合，从右大臣与左大臣的关系中可以看到，两派的对立得以化解，物语以他们的完全融合结束。所以，也可以说此谱系揭示了对立关系被消解的过程。

私 通

到此我们终于可以探讨一下本节标题所示之事，即对物语的展开发挥着最重要作用的"私通"。无论本物语要表达"找寻自我"的主题还是"对立的统一"的主题，缺了"私通"都是不可能实现的。

从谱系来看，其中存在五个私通关系（图9），下面我们依次讨论。

第一个是关白与皇后的私通，其结果便是我身姬的诞生。这件事正是故事的开始，可以说本次私通事件催生了整个长篇物语。我身姬作为一个不谙世事的孤独小姐，在物语开头登场，故事由此展开。同时，此私通事件发生在皇家女性（皇太后）与摄关家的男性（关白）之间，其本身业已指明物语的最终走向。

第二个私通事件发生在三位中将与三公主之间。三公主下嫁给三位中将的父亲关白，这是摄关家与皇家结为姻亲。不过，倘若没有这次私通，他们便不会有子嗣。三公主通过生下名为关白之女实为私通果实的后凉殿中宫，极大地推动了两大系统的融合。

第三个私通事件发生在诞生于第二次私通的后凉殿中宫与宫

---

① 平安时代，着裳仪式是女孩的成人仪式，通常在将要结婚前举行。

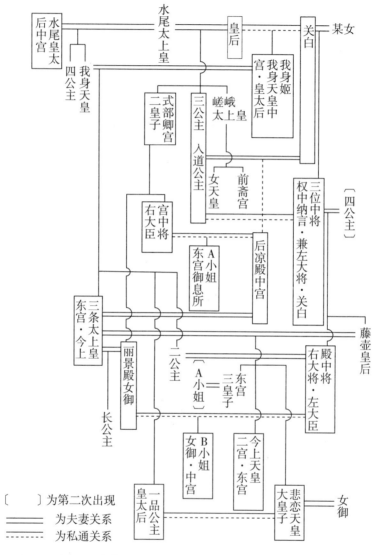

图9 《为身世烦恼的小姐》中的"私通"关系

中将之间。天皇（三条太上皇）对后凉殿中宫宠爱有加，不想却被宫中将钻了空子。宫中将偷偷溜进后凉殿，达成心愿，使得又一个"找寻自我"的女孩即A小姐诞生。如前所述，后来A小姐嫁给东宫太子，体现了皇家与摄关家两大系统融合的完成。

第四个私通事件的主人公是丽景殿女御与殿中将（其私通时的身份为右大将）。两人的私通关系持续了一段时间，后来女御一方逐渐变得冷淡。他们所生的B小姐与我身姬命运相同。丽景殿女御开始时托词说B小姐是朋友的女儿，将她留在自己身边抚养，后来殿中将（其时已官居左大臣）把她接到自己的府中。长大后，她也成为女御、中宫。实际上，前面提到的A小姐嫁给东宫太子乃在她入宫之后。

如上所述，皇家与摄关家的血脉融合通过私通得以完成，诞生于私通的"找寻自我"的女孩子们也都获得幸福，令人感觉作者似乎在高喊"私通万岁"。但是作者思虑周到地通过第五个私通事件告诉我们，事实并非如此，其构思可谓巧妙至极。

A小姐的丈夫东宫太子与B小姐的丈夫今上天皇有一个哥哥，叫作悲恋天皇，他是我身姬的孙子。悲恋天皇虽与女御大婚，却对她无意。其时他见到我身姬的女儿一品公主，深陷爱恋不能自拔。可是一品公主既年长，又居皇太后之位，两人没有结合的可能。然而悲恋天皇竟然偷偷进入公主寝宫，得以遂意。一品公主觉得没有脸面再活着与母皇太后（我身姬）相见，决定绝食。结果，公主死去。悲恋天皇听到消息，也瞬间气绝身亡。与此前的私通事件不同，本次私通完全是个悲剧，这是为什么呢？

首先，无论如何，私通都是一种恶，只不过恶所具有的一些悖论性质有时候会衍生出意想不到的善。在《为身世烦恼的小姐》中，私通的人们在爱欲的驱使下行动，其时其地并不曾有人想过，以融合摄关与皇家两派为目的，两大系统的融合不过是私通事件叠加的自然结果。因此，无论结果如何，都不能说私通行为值得称颂。

私通还存在另外一个问题，即其中的私通有的是男女双方两情相悦，有的却仅仅是单方面的穷追不舍。平安时代，男女之间性关系的成立，大多是以男性入侵的形式实现，所以，私通有时候会对女性造成致命的伤害。遭到悲恋天皇入侵后，一品公主暗自想道："唉，心中郁气难释。深感世间万物，唯女人可悲。"这清楚地显示出，不管男方身份多么高贵，她都不接受这样的行为。

这一部分故事将私通的负面因素呈现得如此清晰，从物语的整体结构来看，也是值得肯定的。最后一个私通事件告诉人们，既不能因为结果良好就肯定私通行为，也不能忘记私通行为所带来的"哀伤"。

理查三世

两大系统从对立走向融合的故事，使我联想到莎士比亚的剧作《理查三世》。松冈和子翻译的筑摩文库本《理查三世》书后附有人物谱系，这个谱系包含莎士比亚在创作《理查三世》之前完成的《亨利六世》三部曲中出现的所有人物，从爱德华三世一直到亨利八世，年代跨越很大，远比《为身世烦恼的小姐》的人物更加复杂。此剧所讲的是兰开斯特与约克两大家族从反目为仇到最后彼此联合的故事。日本的物语《为身世烦恼的小姐》的关键词是"私通"，而《理查三世》的关键词则是"杀人"。

理查三世为夺得王位，杀人如麻。与《为身世烦恼的小姐》相同的是，他杀人的结果不期然地促成了兰开斯特家族与约克家族冰释前嫌、彼此联合,尽管他原本的目的与此完全无关。

爱欲与权力是人类的两大欲望,弗洛伊德关注爱欲,阿德勒则认为"权力意志"才是人类的根本需求,爱欲不过是获得权力的工具。理查巧舌如簧,哄骗安听信了他的谎言,便是一个典型例证。他并不爱她,只是因为自己要夺得权力,当上国王就必须这么做,于是才哄骗安做他的妻子。他从一开始就打算好了,等她没用了就一把甩掉。理查与《为身世烦恼的小姐》中沉迷于爱情而对自己的天皇之位毫不眷恋的悲恋天皇形成鲜明对比。

《理查三世》中,几近剧终的时候,被理查先后杀害的11个冤魂依次出现在他面前。纵使他是个杀人不眨眼的魔王,也被吓破了胆。如幽灵所愿,他在与里士满的战斗中战败身亡。杀人如麻、肆意妄为的理查国王,虽然登上了王位,却转瞬间命丧黄泉。而约克与兰开斯特两大家族在这个过程中实现了和解,这是理查不曾想到的。

宣布胜利的里士满有如下发言:

> 我国人颠沛连年,国土上疮痍满目;
> 兄弟阋墙,闯下流血惨祸,
> 为父者在一怒之间杀死亲生之子,
> 为子者也毫无顾忌,挥刀弑父;
> 凡此种种使得约克与兰开斯特两王族彼此叛离,
> 世代结下深仇。
> 而今两家王室的正统后嗣,
> 里士满与伊利莎白,
> 凭着神旨,互联姻缘。
>
> (松冈和子译:《理查三世》,筑摩文库,1999年)

约克与兰开斯特两大家族最终喜结良缘，实现和解。与日本的物语相比较，两者的差别显而易见。与私通的"连接"功能相对，杀人的作用是"切断"。通过不断秘密重复"连接"以达到融合，与通过公开或秘密的"切断"行为消除障碍实现统合，形成鲜明对比。

私通与杀人都是恶，它们推动物语向前发展，但身在其中的人，只关心达成自己的欲望，丝毫不曾想过作为其结果出现的融合或统合，这一点在东西方并无不同。故事的最后，恶的体现者理查三世被杀；在日本的物语中，悲恋天皇的故事也表现了伴随私通的深切"哀伤"。因此可以说，两者在结构上亦有相似性。

恨之物语

关于推动物语发展的"恶"，还有一个故事值得拿来比较。我对邻国韩国的物语知之甚少，最近看了梅山秀幸新出版的著作《朝鲜宫廷女性小说集 恨之物语》（总合社，2001年）才有所了解。此书收录了《癸丑日记（上·下）》《仁显王后传》《闲中录》三个故事。故事的作者均为女性，它们是16至17世纪的作品。关于作品的详细介绍请参照梅山秀幸著作的"解说"部分，以下仅就与本章主题相关的内容加以论述。

首先看《癸丑日记（上·下）》，请看人物关系图（图10）。

李朝第14代王宣祖大王死后，朝廷面临确立王位继承人的问题，王的二儿子光海君通过权谋之术成为第15代帝王。故事中的光海君是典型的"恶人角色"，杀人、淫乱无所不做。他的权力欲极强，为得到权力不择手段。他的恶行与理查三世有相似之处，但作品的意图却完全不同。

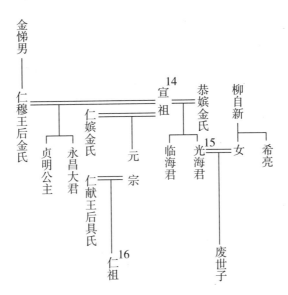

图10 《癸丑日记》关系图

从整体来看，作品的着力点在于表现光海君的继母仁穆王后金氏面对光海君的极度迫害一忍再忍的态度。光海君听信谗言，不断迫害王后，故事详细地描绘了王后与其身边人的坚忍与哀叹之情。

最后，16代王仁祖把长期遭受幽禁的仁穆王后放了出来，使她终于重见天日。如果换作西方式的叙述方式，本故事的重点大概会被放在仁祖如何打败光海君，而不会去表现王后回归的喜悦。事实上，对王后的描写贯穿本故事的始终，王后面对此起彼伏的谗言——它们就是推动故事发展的恶——从不申辩，一味暗自悲叹，它体现了物语的主题——恨。

我不敢确定自己对于异国文化到底能理解到什么程度，但是，在通读了上面这篇故事以及书中另外两篇故事之后，我认为此处的"恨"与一般日本人概念中的"憎恨"相较而言，含义更加丰富，它已上升为超越个人层面的东西。"恨"在这里被看作人们存在于此世的本质，其表现虽然激烈，却也伴随着美感；恨虽产生于丑与恶，却也美得深沉而悲切。

通过阅读女性作者创作的《朝鲜宫廷女性小说集》，我认为其中的"恨"与日本物语所表现的"物哀"有相通之处——即"哀伤"。闭于内心为"哀"，转而向外为"恨"，两者皆蕴含着"美"。

原罪与原悲

当我们与西方人——更具体地说，与基督教文化圈的人——交谈时会发现，对他们来说，原罪（original sin）是个非常重要的概念。正如"原"字所示，这个罪是人类生来便有，且必须永远背负的。本书所讨论的故事仅限于日本和韩国，不确定能在多大程度上代表东方，但与西方的"原罪"相比较，两者都体现出"原悲"的思想，即作为人类存在之根本的"哀伤"。

物语中的原罪或原悲由对某种"恶"的设定突显出来，物语在此设定的推动下展开，然后凭借超越人类个体智慧的"神旨"或"大势"，自然而然地结束。这里值得注意的是，对于原罪，人们力图躲避或抵偿；而对于"原悲"，人们却试图沉浸其中。此乃两者相异之处。

我在别处已经讲过这个问题〔拙著《物语与人之科学》，岩波书店，1993年（《心灵最后讲义》，新潮文库，2013年）〕，基督教传到日本，后来遭到镇压，地下基督徒虽然死里逃生，但是口耳相传的圣经内容发生了重大改变，"原罪"的故事消失不见了。根据地下基督徒的讲述，亚当与夏娃偷吃禁果后被上帝逐出伊甸园，他们请求上帝允许他们有朝一日重返伊甸园，上帝答应了。他们获得原有，原罪已不存在。从后文故事的发展，我们可以感受到其中从

"原罪"到"原悲"的转变。

从这个角度来说，本书中所讨论的日本物语，每一个都含有"原悲"的主题。我们也探讨了韩国的物语，对于这些物语的理解，将为日本物语以及不同文化中的物语研究提供怎样的帮助，是我们今后要探讨的课题。

后　记

　　日本的物语非常有趣。在那么古老的时代，已然出现如此优秀的作品，日本人足可引以为豪。同时，如本书所述，物语中包含许多对现代人的生活有借鉴意义的东西。如果对物语视而不见，实在是一种损失。

　　我任职中央教育审议会委员期间，曾经邀请唐纳尔德·金来访。在谈到相关问题时，他说："日本的古典文学很有意思，可是学校里的古典文学课程大多主要教授语法，而忽略了作品的文学趣味，导致许多学生不喜欢古典文学，真令人遗憾。"事实诚如所言。金先生又建议道："为了让学生们对古典文学的有趣之处有所感受，先让他们阅读古典作品的现代日语翻译，等他们发生兴趣之后再去读原文，是不是更好呢？"这也不失为一个好办法。

　　话虽如此，其实就我本身来说，也是很长时间以来根本没有接触过日本的物语。后来因为偶然的原因开始接触，结果被它深深吸引，一发不可收拾。季刊杂志《创造的世界》为我提供了一个绝佳的机会，并选取不同的作品，邀请对那些作品颇有研究的专家进行学术讨论。这件事非常有意义，难能可贵［这些对谈收录于讲述物语系列（全三卷，小学馆发行）]。

我的专业研究领域并非古典文学，却写了本书，对于个中缘由，我已在第一章中加以说明。科学技术发展到今天，以前人们觉得不可能发生的事情都在不断变成现实，这或许让一些人产生科技万能的妄念。人类在实际生活中，必须保持清醒的思考，物语在这一点上意义重大。每个人的一生，都是在演绎各自固有的"物语"。所以，对古代物语的解读与现代生活密切相关。

一提现代，大家就会想到全球化，这一潮流可谓来势凶猛。但是，将地球每个地方变成同一个模样是非常愚蠢的。日本就是日本，它应该保持自己固有文化的活力，同时保持与普世价值的联系。单打独斗便无法生存，这是事情的一个方面；但是，如果不能坚守自己的独特性，则极易被全球化的浪潮所吞没。

要避免被吞没的后果，就必须了解日本人的特点，并将它与其他文化进行比较研究。本书已在某种程度上对此做了尝试，今后尚会继续。

关于《源氏物语》，最近有件事情让我非常期待：我将在美国的波莫纳学院与《紫式部物语》(Tale of Murasaki)的作者利扎·达尔比共同主持研讨会。关于物语的国际性研究、跨学科性研究，一定会越来越兴盛。

本书的内容基本都在杂志《创造的世界》中连载过，连载期间以及本书出版发行期间，承蒙小学馆京都编辑部的前芝茂人先生、森冈美惠女士多方关照，在此深表感谢。

2001 年 10 月
河合隼雄
（据 2002 年第一版）

解　说
连接一切

小川洋子

　　什么样的小说才是好小说？当我面对这个既简单又复杂的问题而茫然无措的时候，河合先生关于物语的几句评论令我茅塞顿开。

　　物语的"物"，不仅仅指物质，也包含人的心灵以及超越身心的灵魂……物语产生于将事物"赋予联系"的意图……连接心灵与身体的"灵魂"的诉说，就是物语……物语织出一张包括自我与他人、人类与动物或物体、生者与死者、自己心中的意识与无意识等无边无际的大网，只要人们在这张网络中找到自己的定位，就可以活得安稳、死得安心……

　　以上种种主张，每当我在写作过程中遭遇困境的时候，总能从意想不到的方向照进一线光明。它告诉我：身为作家，要挖掘的世界无论何等混沌，都不必害怕。既然要炙烤出那些唯有通过写出来才能感觉得到的事物之间的联系，那么在这个过程中遇到黑暗是正常的。穿越黑暗，展现在眼前的不是与现实隔绝的孤岛，而是生活在现实中的人们广阔心灵的一部分。

　　河合先生重视临床心理学与物语之间的联系，从而发现了物语具有"赋予联系"的特性,其意义十分深远。如同物语可以自由穿梭于生与死、善与恶等完全对立的两个世界,并抹去它们之间的界限一样,河合先生也在临床心理学与物语之间架起一道桥梁,在必须客观求证的岛屿与允许主观模糊的岛屿之间架起一道彩虹,使双方风景的纵深均得以拓展。

更有意思的是,河合先生没有把物语向自己的专业临床心理学领域拉近,而是毫无偏颇地慎重保持了中间立场。两者都有同样透明的镜子,相互映照与反射,最后射出直抵人们心灵深处的光线。

彩虹之路是连接,却不是简单的因果关系,而是从因果中解放出来的自由往来。本书中论及转世时写道:真正的接纳,只有在超越理性的因果理解,自我存在的整体体验到"原来如此"时才能实现。我在先生架设的彩虹上穿梭时,也对着自己正在写小说的背影点头称是:"是吗?是这样啊。"虽然无法用语言说清楚"这样"到底是哪样,却深深地接纳了它。

本书以《竹取物语》为起点,从不同的关键词切入来解读王朝物语,令我印象最深的是它让我意识到这个时代的物语中几乎没有杀人事件。人类基本欲望之一的权力欲最终导致杀人行为,并使物语的发展跌宕起伏,极具戏剧表现力。王朝物语尽管没有描写这种冲突,却仍然诞生了大量物语作品。本书通过对《宇津保物语》《落洼物语》《源氏物语》的研究,考察了这种不可思议的现象产生的原因。

日本人的美的意识之特点是尽可能避免直接的争斗,尽量保持体面比力争获胜更加重要。因此,用尽浑身解数以求获胜的人反被塑造成"坏蛋",而遵从死亡美学的一方则被看作"正义者",事件也因此不至于发展到杀人的程度。即便是在日常生活中,日本人一般也不会直接说出内心想法,而是喜欢旁敲侧击,尽可能避免对抗。这种意识反倒更能描绘出被那些血光四射的杀人场面所遗漏的、更加复杂细腻的心理世界。

书中所举《落洼物语》中无须争斗便使问题获得解决的例子令我难忘。被继母虐待、关进仓房的落洼小姐,在继母的阴谋策划下,眼看就要受到老头儿典药助的欺凌。化解这场危机的,既不是美男子的智慧,也不是勇武有力的贵公子的力量,而是典药助拉稀的自然现象。深夜,喜出望外的老头儿来到仓房,想尽各种办法试图打开被木棒顶住的房门。折腾来折腾去,腹部受凉闹肚子,结果只好空手而归。

这让我联想到谷崎润一郎《细雪》的结尾是雪子闹肚子,感觉两者颇为相似。四个姐妹面对自家停船场事业的败落,并没有努力抗争。她们不做非日常性的争斗,却对每年固定不变、反复举行的家庭活动十分重视。而对于影响到她们日常生活的战争,也只是投射性、象征性地表现为雪子身体欠佳。通过把作为斗争极限形式的战争,置换为生理变化这一不可抗拒的现象,暗示了四姐妹对今后困难生活的态度。

落洼小姐与老头儿、继母与落洼小姐,如果双方发生实际冲突的话,结果一定会有胜负。倘若发展到杀人,便会万劫不复。不以一方战败结束,而以一种暧昧的状态收官,则需要某种超越人类的存在的介入。既然是超越人类的,彼时,物语就会突破作者的才能,把读者带到作者也不曾料到的地方。

从作家的角度来说,好的作品不是自己的脑细胞想出来的,而是发生在自己身体之外的。但这都没有关系,创作者也想和读者一起,前往语言的理性无法到达的远方。

若要将老头儿所遭遇的自然现象换个说法,"偶然"一词最为恰切。先生指出,偶然事件或会成为心理患者自我恢复的契机,以此说明偶然的重要性。当一件"巧合之事"发生，或者此事其实早已发生，只是从未注意到，而此时终于发现，只有在捕捉到它的那一刻，我们对于现实的看法才会真正发生改变。

偶然与物语密不可分。譬如读小说，有时候会让我们感觉"这种巧合也太离谱了吧！怎么可能会有！"。这样的作品某种程度上相当于赝品。物语的定义虽然比较难，但对于到底是真品还是赝品，却清晰得近乎残酷。无论人们制订了多么严密的计划，并依照计划行事，却终究躲不过偶然的突袭。偶然地，天会下雨，电车会迟到，人也会生病。在这被动生存的世界里，其实没有任何事情可以完全按照我们的计划发展。只不过是人们为了生存，而沉溺于自己似乎可以控制一切的幻想之中而已。物语产生的根本因素，就是不被幻想迷惑，力求最大程度丰富地挖掘、展现世界原本的样子。真正的物语不是空洞的虚构，而是切合现实的。

说到偶然，人们很自然地会产生这样的疑问：所谓在偶然的支配下发挥作用的自我到底是什么？针对这个问题，河合先生以《为身世烦恼的小姐》为例进行了探讨。他认为在本物语中，"我是谁"的疑问贯穿几代人，不断重复出现，堪称一部独具特色的物语。作为文学一大命题的"确立自我"，不是通过一个人物来实现，而是令人叫绝地跨越几代人，体现了日本式物语的有趣之处，即它不是把个人的轮廓看作一个绝对而坚固的存在，而是将其界线舒缓地拉长。

……它的出发点不是"个人"，而是通过将个体托付于整体性的"事物的流变"的形式来确知其identity。"我"作为伟大的"事物的流变"的一小部分，是可以被感受到的。

上面这段关于《为身世烦恼的小姐》的评述，映照出遇到"巧合之事"而痊愈的心理患者的身影。

令我印象特别深刻的，还有第四章中从琴的继承这一视角对《宇津保物语》的解读。声音与偶然一样，既是物语的一部分，也是物语的本质。

> 必须与灵魂相连接，人们才能真正获得心灵的安宁。灵魂的作用，很难用心灵去推断，"声音"尤其是"音乐"，则是将其传送至心灵的绝好媒介。

如果说物语是灵魂的诉说，那么声音与音乐就是将这诉说运往心灵的船只。

《小熊维尼》《柳林风声》《长袜子皮皮》这些作品，原本都是作者即兴讲给自己孩子听的故事。孩子们躺在床上，往返于现实世界与睡眠世界之间，似睡非睡中侧耳倾听，陶醉于故事的精彩世界，有时甚至令人担忧他们能否再回到现实世界中呢！的确，物语在连接意识与无意识、心灵与身体、现实与梦境，从而创造出一个连续不断的圆环的那一刻，声音是不可或缺的要素。想象一下物语的原点，那里一定有声音在回荡。

下面是先生本书后记中的一句话：

> 每个人的一生，都在演绎着各自固有的"物语"。

我多次咀嚼这句话。我与先生的对谈内容出版于先生去世之后，书名就叫作《活着，就是创作自己的物语》〔新潮社，2008年（新潮文库，2011年）〕。在此衷心感谢先生告诉了我，物语与人生有着多么深切的关系。

在所有生物中，为什么只有人类获得语言能力，并不断用它创作出物语呢？这个问题实际上等同于思考"人是什么"。并且，此处的人不是一个集体概念，而是一个个有名字的、单独的个体。先生追溯物语的历史，在物语的森林中探索，研究一个又一个作品，将物语作者自身抑或不曾意识到的秘密挖掘出来。我跟随先生探索的足迹一路走来，明白了自己的人生不是被封锁在现实之中，而是与物语浩大的水脉互相连接。我一边侧耳倾听着那水声，一边意识到自己正在演绎属于我自己的物语，心中无比欣慰。

（作家）

"物语与日本人的心灵"系列刊行寄语

河合俊雄

岩波现代文库最早发行的河合隼雄著作集是"心理疗法"系列，其中包括《荣格心理学入门》《荣格心理学与佛教》等著作。这些著作是河合隼雄作为心理治疗学者的专业著作，选择它们作为首发无疑是非常恰当的。其后出版的"儿童与梦想"系列，与"儿童"这一河合隼雄的重要工作领域以及荣格心理学的重要概念"梦想"有关。但是，在心理疗法的研究与实践中，河合隼雄所发展出的自己独特思想的根本乃是"物语"。因此，本系列收录了他关于"物语"的重要论著：《民间传说与日本人的心灵》与《神话与日本人的心灵》。

在心理治疗中，治疗师通常会倾听咨询者讲述的故事。而河合隼雄对物语的重视远不止于此，这是因为他在心理治疗中最关注的便是个人内心的realization倾向。之所以特地使用英语realization这个词，是因为它包含了"实现"与"领悟、觉察"这两方面的意思。物语中含有故事的发展脉络，只有物语才能体现"在理解中实现"这一事实，由此可见物语的重要性非同一般。河合隼雄晚年与小川洋子有过一次对谈，其对谈题目为《活着，就是创作自己的物语》，这个题目便生动地揭示了物语的本质。

物语对于河合隼雄的人生具有重要意义。河合隼雄从小在美丽的大自然中长大，但这并不妨碍他沉迷于书的海洋，尤其是物语的世界。有意思的是，他虽然喜欢物语，却不擅长文学。在其少年至青年时代，他一味埋头于西方的物语，而"物语与日本人的心灵"这个系列所探讨的则主要是日本的物语。"二战"结束后，他将梦境分析等方式运用于心理治疗的实践，并对自身做心理分析。这一工作促使他不得不重新审视曾一度十分厌恶的日本物语与神话。后来，在日本从事心理治疗的过程中，他不断地认识到，日本物语作为存在于日本人内心深层的、最古老的文化传统因素，其地位何等重要。于是，多部关于物语的著作应运而生。

本系列中的《民间传说与日本人的心灵》，是河合隼雄在专业领域的里程碑式著作。此前，他的工作重点是致力于将西方的荣格心理学介绍到日本，1982年此书出版，标志着他独具特色的心理学体系问世。该书通过民间故事来分析日本人的心灵，荣获大佛次郎奖，确立了河合隼雄在心理学领域内外不可动摇的学术地位。

与此著作并列的《神话与日本人的心灵》，是以他为取得荣格派心理分析学者资格，于1965年用英语写作的论文为基础，经过近四十年的打磨，又增加了"中空构造论"与"水蛭子论"，于2003年时值75岁时写就。从这个意义上看，这部著作堪称河合隼雄的集大成之作。

随着对物语的关注，河合隼雄认识到中世时期，尤其是中世时期的物语对分析日本人的心灵意义重大，并开始将其纳入研究视野。《物语人生：今者昔、昔者今》这本书就包含了对《源氏物语与日本人：紫曼荼罗》以及对《宇津保物语》《落洼物语》等中世时期的物语的研究。

与之相对应，《民间传说与现代》《神话的心理学》两部著作则聚焦于物语的现代性。被列入"心理疗法"系列的著作《生与死的接点》，其第二章论述了"民间传说与现代"的主题，但因篇幅所限，有些内容被割舍。《民间传说与现代》一书即以此内容为中心，主要探讨了"片子"（半人半鬼的小孩）物语，河合隼雄认为"片子"的故事承接了前述被流放的水蛭子神的主题。故事展开的部分可以说是本书的压卷章节。而《神话的心理学》原载于《思考者》（『考える人』）杂志，连载时的题目原名为《诸神处方笺》，如题所示，它试图通过神话的解读，来理解人的心灵。

本系列几乎囊括了河合隼雄关于物语的全部重要著作，未能收入的重要作品还有《易性：男与女》（新潮选书）、《解读日本人的心灵：梦、神话、物语的深层》（岩波现代全书）、《童话故事的智慧》（朝日新闻出版），若有需要，敬请参照阅读。

值此系列出版之际，谨向给予大力配合的出版发行机构小学馆、讲谈社、大和书房等，以及出版事务负责人猪俣久子女士、古屋信吾先生表示衷心感谢！同时，对百忙之中拨冗为各卷撰写解说的每一位作者，以及担任企划、校对的岩波书店中西泽子女士、原主编佐藤司先生表示深深的谢意！

2016 年 4 月吉日

本书第一版，2002年1月由小学馆出版。本书中文译本依据岩波书店2016年8月版河合隼雄著、河合俊雄编〈物語と日本人の心〉コレクションⅡ『物語を生きる　今は昔、昔は今』翻译而成。